O PODEROSO ESPÍRITO SANTO

FUCHSIA PICKETT

O PODEROSO ESPÍRITO SANTO

*Conheça profundamente
a terceira Pessoa da Trindade*

Tradução
Rema Aranha

Thomas Nelson
BRASIL®

Rio de Janeiro, 2022

Originally published in English by Charisma House,
Charisma Media/Charisma House Book Group, 600 Rinehart Road, Lake Mary,
Florida 32746 under the title *Understanding the Personality of the Holy Spirit.*
Copyright ©2004, 2015 by Fuchsia Pickett. All rights reserved.

Copyright da tradução © Vida Melhor Editora, S.A., 2017.
Todos os direitos desta publicação são reservados por Vida Melhor Editora, S.A.

PUBLISHER	*Omar de Souza*
GERENTE EDITORIAL	*Samuel Coto*
EDITOR	*André Lodos Tangerino*
ASSISTENTE EDITORIAL	*Marina Castro*
COPIDESQUE	*Daniel Borges*
REVISÃO	*Fátima Antonia Fuini e Carlos Otávio*
CAPA	*Rafael Brum*
DIAGRAMAÇÃO	*Abreu's System*

Os pontos de vista desta obra são de responsabilidade de seus autores,
não refletindo necessariamente a posição da Thomas Nelson Brasil, da
HarperCollins Christian Publishing ou de sua equipe editorial.

CIP-BRASIL. CATALOGAÇÃO NA PUBLICAÇÃO
SINDICATO NACIONAL DOS EDITORES DE LIVROS, RJ

P662p

Pickett, Fuchsia, 1918-2004
  O poderoso Espírito Santo : conheça profundamente a terceira
Pessoa da Trindade / Fuchsia Pickett ; tradução Rema Aranha. –
1. ed. – Rio de Janeiro : Thomas Nelson Brasil, 2017.

  128 p. : il.
  Tradução de: Understanding the personality of the Holy
Spirit
  ISBN: 9788578608576

  1. Deus – Doutrina bíblica. 2. Espírito Santo – Doutrina
bíblica. 3. Santíssima Trindade. I. Aranha, Rema. II. Título.

17-39942   CDD: 231.3
                                                      CDU: 27-144.896

Thomas Nelson Brasil é uma marca licenciada à Vida Melhor Editora S.A.
Todos os direitos reservados à Vida Melhor Editora S.A.
Rua da Quitanda, 86, sala 218 – Centro
Rio de Janeiro, RJ – CEP 20091-005
Tel.: (21) 3175-1030
www.thomasnelson.com.br

Sumário

Introdução 7

1. O relacionamento com uma Pessoa divina 15

2. As respostas emocionais do Espírito Santo........... 32

3. Os símbolos revelam o caráter do Espírito
Santo 49

4. O poder sétuplo do Espírito Santo:
A onipotência de Deus revelada......................... 71

5. Os sete estados de espírito do Espírito Santo,
parte I: os propósitos divinos expressos............ 88

6. Os sete estados de espírito do Espírito Santo,
parte II: A realização do desejo de Deus para
a humanidade 105

Notas.. 125

Introdução

Talvez alguns leitores achem um tanto abstrato e impraticável escrever um livro que responda à pergunta: "Quem é o Espírito Santo?" Outros consideram presunção minha dizer: "Gostaria de apresentar o Espírito Santo a você." Para muitas pessoas, o Espírito Santo não é nada além de um nome em um credo religioso recitado nas celebrações litúrgicas. Para outros, ele é apenas uma vaga influência mencionada nas Escrituras. Mesmo aqueles cristãos os quais acham que sabem quem é o Espírito Santo, muitas vezes, não o reconhecem como uma Pessoa divina. Não culpo ninguém por pensar no Espírito Santo desse modo, pois me lembro da época em que achava estranho me dirigir ao Espírito Santo como um amigo e mestre pessoal. Embora me refira a ele como a terceira Pessoa da Trindade, quando falo teologicamente, ele não é uma Pessoa física para mim.

A doutrina do Espírito Santo que o define como uma Pessoa divina não só é extremamente prática, mas também fundamental para nosso conhecimento de Deus e nosso relacionamento com ele. Qualquer um que conhece Deus Pai e Deus Filho, sem ter um entendimento verdadeiro de Deus Espírito Santo, não atinge a concepção correta de Deus nem alcança a plenitude da experiência cristã.

Tenho de mencionar a doutrina da Trindade para o esclarecimento de um alicerce apropriado para o estudo do Espírito Santo. Em Gênesis 1:26, há uma referência à pluralidade que existe na Trindade: "Então disse Deus: 'Façamos o homem à nossa imagem, conforme a nossa semelhança.'" Deus referiu-se à "nossa" imagem e à "nossa" semelhança, usando o pronome no plural para se referir a ele mesmo. Muitas referências como essa confirmam a realidade da Divindade Triúna. Mesmo a passagem de Deuteronômio, que alguns usam para diminuir a tese da Trindade, acaba por confirmar a sua existência. Lemos: "Ouça, ó Israel: O Senhor, o nosso Deus, é o único Senhor" (Deuteronômio 6:4). A palavra hebraica para Deus usada no contexto é uma forma plural. Isso indica, a despeito do intenso monoteísmo dos hebreus, a pluralidade de pessoas na única Divindade. Portanto, referimo-nos à Trindade em sua condição original, nos éons de eternidade, como a Divindade Triúna. Nosso estudo foca a Pessoa do Espírito Santo, mas não podemos ignorar sua relação integral com a Trindade.

Vemos, antes de tudo, a importância de entender a Pessoa do Espírito Santo no efeito dele em nossa pers-

INTRODUÇÃO

pectiva de adoração. Se pensamos no Espírito Santo apenas como uma influência impessoal ou poder divino, inevitavelmente tiramos dele a honra e a adoração que lhe são devidas. Não nos relacionamos com ele do modo apropriado, ou seja, dando-lhe o amor, a confiança, a entrega e a obediência que devemos dar. Precisamos conhecer essa terceira Pessoa da Trindade, a maneira como ela faz seu trabalho na Terra e render-lhe completa obediência à sua vontade.

É importante que não nos relacionemos com o Espírito Santo apenas como uma influência ou poder para que não tentemos "usá-lo" para nossos próprios propósitos. Esse conceito equivocado do Espírito Santo leva inevitavelmente à exaltação de si mesmo. Isso faz com que nos pavoneemos de orgulho, achando que recebemos o Espírito Santo e, por conseguinte, pertencemos a uma ordem superior de cristãos. Precisamos, ao contrário, pensar corretamente nele de forma bíblica — como uma Pessoa divina de majestade e glória definidas. Então, relacionamo-nos com ele de modo apropriado ao fazer perguntas do tipo: "Como será que posso me entregar de um modo mais completo ao Espírito Santo?" "Como será que o Espírito Santo me possui e me usa de um modo maior?" O relacionamento com o Espírito Santo como uma Pessoa divina é uma das verdades fundamentais da Bíblia — é preciso entender isso, se quisermos desfrutar um relacionamento correto com Deus. Nesse ponto, muitos cristãos fervorosos se desviam dessa verdade. Eles tentam conseguir algum poder ou dom divino que usam de acordo com a própria vontade, em vez de entregar sua vida à Pessoa do Espírito Santo. A verdadeira maturidade em Cristo só é alcançada quando se cultiva um relacionamento correto com o Espírito Santo.

Precisamos reconhecer o Espírito Santo como uma Pessoa divina de infinita majestade que veio habitar em nosso coração, tomar posse de nós e operar o plano eterno e a vontade predestinada de Deus em nós, para nós e por nosso intermédio até sermos um louvor para a glória do Pai. Só assim experimentamos a verdadeira santidade no fato da renúncia, abnegação e humilhação de nós mesmos. Não sei de nenhuma outra verdade que possa nos humilhar e pôr nossa face diante de Deus mais depressa que esta: o bendito Espírito Santo é a terceira Pessoa da Trindade que veio para habitar em nosso coração e nos restaurar à imagem de nosso Deus à medida que ele, em sua infinita sabedoria, desvela seu plano para nossa vida. Esse amor e desejo infinitos da Trindade de habitar com os seres humanos são incompreensíveis para nossa mente finita.

Muitos cristãos testificam a completa transformação de sua vida e serviço para Deus quando têm conhecimento do Espírito Santo como Pessoa. Esse também é meu testemunho pessoal. Depois de servir a Deus como professora e pastora metodista durante muitos anos, passei a ter um relacionamento mais profundo com o Espírito Santo. Percebi, então, que Alguém havia passado a viver em minha vida; Alguém com quem eu ainda não tinha estabelecido um conhecimento pessoal nem íntimo. Quando entreguei completamente minha vida ao Espírito Santo, ele começou a me revelar que viera para

INTRODUÇÃO

ser meu Mestre e desvelar o Cristo que vivia em mim já fazia dezessete anos. Foi então que comecei a ter conhecimento íntimo do Espírito Santo como Pessoa.

Muitos, com frequência, entendem equivocadamente o que estamos dizendo quando nos referimos ao Espírito Santo como Pessoa. Acham que estamos dizendo que ele tem mãos, olhos e ouvidos e opera em um corpo físico. Mas essas características são atributos de corporeidade, e não de personalidade. Os tributos de personalidade, geralmente aceitos, são intelecto, volição e emoções — conhecimento, vontade e sentimentos. Alguém que pensa, sente e exerce sua vontade é uma pessoa.

Nós, seres humanos finitos, um dia perdemos nossa corporeidade. Quando nossa vida terrena terminar, deixaremos este corpo. No entanto, isso não significa que deixaremos de ser pessoas. A Bíblia diz que, quando estivermos ausentes do corpo, estaremos presentes com o Senhor (2Coríntios 5:6-8). Então, viveremos na presença do Senhor mesmo sem nosso corpo físico.

As Escrituras atribuem ao Espírito Santo todos os atributos de personalidade, definidos aqui, que o tornam uma Pessoa divina. Por exemplo, o conhecimento é atribuído ao Espírito Santo na passagem que diz: "Da mesma forma, ninguém conhece os pensamentos de Deus, a não ser o Espírito de Deus" (1Coríntios 2:11). O Espírito Santo não é apenas iluminação ou inspiração dirigidas a nossa mente para que possamos ver a verdade. Ele é uma Pessoa que, em si mesmo, conhece os mistérios de Deus e os revela para nós. Também sabemos que o Espírito Santo veio para nos instruir, para ser nosso Mestre.

Jesus disse: "Mas o Conselheiro, o Espírito Santo, que o Pai enviará em meu nome, lhes ensinará todas as coisas e lhes fará lembrar tudo o que eu lhes disse" (João 14:26).

Hoje temos o privilégio de ter o Espírito Santo, uma Pessoa viva, habitando em nós, deixando aberto o espaço de aprendizado do nosso espírito dia e noite e nos permitindo perguntar sobre qualquer assunto que queiramos saber. Ele nunca fecha o espaço de aprendizado, nem nos repreende por fazermos perguntas. É maravilhoso saber que, quando estudamos a Bíblia, temos o Autor divino do livro para interpretá-lo e nos ensinar seu real e mais profundo sentido de acordo com seu conhecimento divino.

Nas Escrituras, a *volição*, ou vontade, é um atributo do Espírito Santo que nos ensina a respeito dos dons do Espírito: "Todas essas coisas, porém, são realizadas pelo mesmo e único Espírito, e ele as distribui individualmente, a cada um, como quer" (1Coríntios 12:11). O Espírito Santo veio ao mundo para cumprir a vontade de Deus na terra. A *emoção* também é atribuída a ele no apelo de Paulo aos romanos por oração: "Recomendo-lhes, irmãos, por nosso Senhor Jesus Cristo e pelo amor do Espírito, que se unam a mim em minha luta, orando a Deus em meu favor" (Romanos 15:30). Observe em particular a frase: "[...] pelo amor do Espírito [...]." Esse não é um pensamento maravilhoso? Demonstra que o Espírito Santo não é uma influência apática, muito menos "neutra". Ele não é línguas, dons ou apenas poder divino, mas uma Pessoa divina, a terceira Pessoa da Trindade, vivendo em nós e nos amando com terno amor.

INTRODUÇÃO

Você já agradeceu ao Espírito Santo por seu amor? Pensamos no Deus Pai que "tanto amou o mundo que deu o seu Filho Unigênito" (João 3:16). Falamos do amor de Jesus pela Igreja ser tão grande que ele sofreu fora do muro da cidade a fim de santificar uma igreja gloriosa para si mesmo. Mas o que consideramos "pelo amor do Espírito"? Agradecemos com frequência nosso Pai celestial por seu grande amor por nós. Agradecemos a Jesus por nos amar o bastante a ponto de morrer por nós. Será que já nos ajoelhamos em reverência ao Espírito Santo e o agradecemos por seu grande amor por nós?

Contudo, devemos nossa salvação tão verdadeiramente ao amor do Espírito quanto ao amor do Pai e do Filho. Se o Espírito Santo não tivesse se tornado o Servo disposto a vir ao mundo, deparar-se com nossa condição de perdidos e nos convencer do pecado, não poderíamos ter comunhão com o Salvador. Acho que perdemos muito ao não perceber quem é essa abençoada terceira Pessoa da Trindade. Não entendemos completamente o amor que ele tem por nós e o amor sofredor que ele ainda experimenta como um Servo, levando-nos de volta à casa do Pai.

Acho que, se tentasse resumir rapidamente a mensagem deste livro, diria para a igreja hoje: "O bendito Espírito Santo, a terceira Pessoa da Trindade, não é algo *neutro*! Ele não é uma manifestação no corpo de pessoas *religiosas* que tremem ao sentir sua presença. Ele não é apenas línguas e dons. Ele é muito mais que uma *influência*. Ele é a terceira Pessoa infinita, onipotente, onisciente, onipresente e eterna da Divindade Triúna! Ele é uma Pessoa divina!"

13

Tenho certeza de que esse não é um conceito novo para muitos. Mas me pergunto como ele afeta nossa vida de um modo prático. Tratamos o Espírito Santo como uma Pessoa? Será que o honramos, amamos e o reconhecemos? Aprendemos a nos comunicar com ele? Conhecemos a comunhão que podemos ter com o Espírito Santo, ensinada pelas Escrituras? Será que pensamos nele como alguém presente ao nosso lado, que está em nós, ajudando-nos, confortando-nos? Será que experimentamos sua amizade e companhia divinas?

Todo meu propósito ao escrever este livro é apresentar meu Amigo e Mestre como ele tem se revelado para mim pessoalmente por intermédio das Escrituras. Conforme estudamos a personalidade dessa terceira Pessoa da Trindade como a Bíblia o descreve, minha oração é para que venhamos a conhecer o abençoado Espírito Santo de um modo mais íntimo e a aprender a nos rendermos a ele, bem como cooperar com ele de modo mais pleno. É com esse desejo que este livro é apresentado para o corpo de Cristo.

1

O relacionamento com uma Pessoa divina

Os teólogos modernos declaram que estamos vivendo na era do Espírito Santo. O Espírito Santo desceu à Terra no Dia de Pentecostes e permanece aqui para fazer o trabalho que o Pai o enviou para fazer. Ele só partirá quando o plano eterno de Deus for realizado. Ele veio para cumprir o propósito de Deus para a Igreja, as profecias e promessas de Deus presentes nas Escrituras durante centenas de anos. Ele era o dom do Pai para a Igreja, enviado para ser o principal administrador do Reino de Deus na terra.

A Igreja de hoje precisa alcançar um relacionamento correto com o Espírito Santo a fim de o Reino de Deus se desenvolver na Terra conforme ordenado por Deus. Não basta os cristãos recitarem um credo litúrgico que apenas menciona o Espírito Santo, nem simplesmente entender a doutrina do Espírito Santo. O Espírito Santo é uma Pessoa divina enviada para fazer uma obra sobrenatural na vida dos homens e das mulheres que escolheram conhecer a Deus. Precisamos conhecer pessoalmente o Espírito Santo como uma Pessoa para cumprir os propósitos de Deus em nossa vida pessoal e em nossas igrejas. Só quando desenvolvemos um relacionamento íntimo com essa terceira Pessoa da Trindade podemos esperar realizar a vida abundante que Jesus prometeu para todos que o seguissem.

É uma infelicidade que até mesmo a igreja evangélica global chame com frequência o Espírito Santo de "neutro" ou o descreva como "línguas" ou o defina como o "emblema" de uma pomba. Alguns declaram que ele é uma mera "influência" ou "poder". Ele não é nada disso! Ele é a terceira Pessoa da Trindade que veio para nos ajudar a começar um relacionamento correto com Deus. O Espírito Santo quer que tenhamos comunhão e associação tão íntima com ele, maior do que aquela que podemos compartilhar com outra pessoa. Muitos de nós não desfrutamos desse tipo de relacionamento com o Espírito Santo porque não pensamos nele como uma Pessoa. Podemos até mesmo ter recebido o batismo do Espírito Santo e ainda não o reconhecermos como uma personalidade divina. Antes de conseguirmos nos relacionar com o Espírito Santo do modo apropriado, precisamos aceitar a verdade de que ele é, de fato, uma Pessoa.

O que constitui a personalidade?
Quando usamos a palavra *personalidade*, referimo-nos simplesmente "à qualidade ou condição de ser uma

O RELACIONAMENTO COM UMA PESSOA DIVINA

pessoa". Ser uma pessoa envolve o poder do *intelecto*, ou mente; o poder de *volição*, ou vontade e o poder da *resposta emocional*. Na multidão, esses três aspectos da personalidade se combinam para formar tal variação infinita de pessoas a ponto de podermos dizer que não há duas pessoas iguais na face da terra.

Há muitas abordagens científicas para o entendimento da personalidade. Algumas resultaram em ramos importantes de estudos científicos, como a psicologia. Para aqueles que a pesquisam, a psique tem provado ser bem enigmática em sua complexidade. As ciências comportamentais chegaram a suas conclusões sobre o comportamento "típico" do homem apenas para descobrir que têm de se ajustar constantemente a essas conclusões conforme as mudanças de comportamento do homem. Infelizmente, muitos desses cientistas nunca chegam a ter um relacionamento com Deus, que criou a psique humana. Por essa razão, eles inadvertidamente abandonaram a única premissa válida para o verdadeiro conhecimento e entendimento do homem. Sem um relacionamento com Deus é impossível para o homem entender a Deus ou a ele mesmo. A verdadeira compreensão de Deus e do homem resulta apenas de um relacionamento com o divino; afinal, ele definiu o propósito do homem na criação.

Os três elementos definitivos da personalidade, portanto, incluem *mente, vontade* e *resposta emocional*. Apenas quando aprendemos a reconhecer e a relacionar do modo apropriado esses três aspectos da personalidade do Espírito Santo, conseguimos comungar intimamente com ele como uma Pessoa divina. O Espírito Santo, como

17

a terceira Pessoa da Trindade, revela a mente de Deus, à medida que cumpre a sua vontade para a humanidade. O Espírito também expressa as emoções de Deus em seu relacionamento amoroso e santo com a humanidade.

O Espírito Santo veio para revelar Jesus, o gracioso Salvador, para todos que responderem ao seu convite e desejam receber a vida eterna. O Espírito oferece vida eterna para todos que aceitam o sacrifício do sangue de Jesus derramado para redimir seus pecados. Só o Espírito Santo tem o poder de salvar nossa alma e nos transformar na imagem de Cristo. Somente quando aceitamos esse sacrifício por nossos pecados é que começamos a conhecer os propósitos do Pai para o homem quando o criou.

A personalidade do homem
Quando Deus criou o homem como uma pessoa tripartite, com corpo, alma e espírito, pretendia que o homem vivesse em comunhão com ele. Deus criou o corpo do homem perfeitamente adaptado ao ambiente da Terra para ser uma casa para sua a alma e seu espírito. A alma do homem, sua personalidade, permitiu-lhe responder a toda a vida na bela terra de Deus. O espírito do homem permitiu-lhe comunicar-se com Deus, que é Espírito.

Deus advertira Adão que, no dia em que comesse do fruto da árvore do conhecimento do bem e do mal, ele morreria (Gênesis 2:16,17). Mas quando a serpente enganou a esposa de Adão, ela lhe disse que eles não morreriam caso fizessem isso. A serpente declarou que, ao contrário, eles se tornariam como Deus (Gênesis 3:4,5).

Contudo, a Palavra de Deus era verdade, e quando Adão e Eva comeram do fruto proibido, o espírito deles morreu para Deus. Esse fato desfez o relacionamento deles com Deus. Por isso, toda a humanidade foi condenada a viver eternamente nesse estado de ser governada por sua própria alma, sem nenhuma possibilidade de comunhão com Deus.

A palavra da serpente para o primeiro casal de que os dois seriam "como Deus" foi cumprida de modo terrível. Desde o início dos tempos, as nações devastaram umas às outras em uma tentativa de satisfazer a ímpia avidez do homem por poder, soberania e domínio sobre os outros homens. A alma do homem, sem a vida de Deus influenciando-o por intermédio de seu espírito, acaba deformada. Sua mente fica hostil a Deus; sua vontade, autocentrada e suas emoções repletas de raiva, inveja, ódio, desejo de governar e outras forças negativas. A personalidade do homem foi condenada à destruição derradeira.

Entretanto, Deus tinha um plano para reverter esse veredito e está desvelando-o desde o início dos tempos. O plano eterno de Deus era ter uma família com quem pudesse ter comunhão por toda a eternidade. O pecado do homem, em última análise, não impediria o cumprimento do sonho de Deus porque Jesus veio à Terra para ser nosso Salvador para que o sonho de Deus ainda pudesse ser realizado. Quando recebemos a salvação para nossa alma ao aceitar o sacrifício de Jesus, nosso espírito nasce de novo, e Cristo vem habitar em nós com sua vida divina. A seguir, o Espírito Santo começa a transformar nossa alma, ou personalidade, até que nos tornemos semelhantes a Cristo em nosso pensamento, decisões e respostas emocionais. Quanto mais familiarizados ficamos com o Espírito Santo, mais esperamos ser transformados em filhos de Deus com conhecimento divino.

A personalidade do Espírito Santo

As Escrituras revelam a personalidade do Espírito Santo de muitas maneiras. No Antigo Testamento, o Espírito Santo está presente sempre que Deus se envolve com o homem. Talvez nem sempre vejamos claramente o Espírito Santo nesses casos porque ele está oculto em catorze emblemas que representam diferentes aspectos de sua Pessoa. (O capítulo 3 discute esse tópico.) Um estudo cuidadoso dos emblemas e tipos que Deus ordenava para representar o Espírito Santo revelarão os muitos aspectos da riqueza de seu caráter e Pessoa divinos. Ele é tipificado de muitas maneiras no Antigo Testamento. Um dos mais belos tipos envolve os ingredientes da sagrada unção com óleo feita em Moisés. O entendimento da importância de cada um dos ingredientes revela um maravilhoso retrato do Espírito Santo. Para um exame profundo na sagrada unção com óleo e sua relevância para a igreja hoje, leia o capítulo 1 do segundo livro desta série sobre o Espírito Santo, *Walking in the Anointing of the Holy Spirit* [Caminhando na unção do Espírito Santo].

O Novo Testamento revela claramente o Espírito Santo para nós, pois registra sua vinda em pessoa para glorificar Cristo em cada cristão, enquanto ele trabalha para criar a família de Deus na terra — ou seja, a Igreja.

Jesus preparou seus discípulos para a vinda do Espírito Santo; ensinou-lhes muitas coisas sobre a personalidade dele. Ele chamou o Espírito Santo de *Espírito da verdade* e *o Conselheiro* (João 16). O Espírito Santo pode pegar a verdade das palavras de Cristo, dar vida a elas e nos mostrar a profundidade do sentido delas. Ele escreve as palavras de Deus em tábuas em nosso coração até a Palavra viva se tornar a vida de Cristo vivida em nós e por nosso intermédio. (Veja Jeremias 31:33; 2Coríntios 3:3.) Ele é o nosso Confortador que não só nos conforta em nossos pesares terrenos, mas também traz paz para nosso coração, paz essa que o mundo não pode nos dar.

Embora o mundo defina paz como ausência de hostilidade, a paz dada pelo Espírito Santo não depende das circunstâncias. A verdadeira paz não se baseia nos acontecimentos, mas no relacionamento com o Príncipe da Paz. Quando não caminhamos na paz de Deus, não caminhamos no Espírito. Quando expressamos raiva, conflito e crítica, isso é evidência de que não estamos caminhando em harmonia com a Pessoa do Espírito Santo. Quando descobrimos vida no Espírito, aprendemos a caminhar em verdade, paz, graça e santidade. Cada uma dessas virtudes é uma parte da vida divina concedida pelo Espírito Santo.

Jesus ensinou que verdade, conforto e paz caracterizam a personalidade do Espírito. Ele também ensinou que a gentileza e a paciência são atributos divinos do Espírito Santo. É especialmente interessante que o Espírito Santo estava presente no batismo de Jesus na forma de uma pomba. O plano e propósito predestinados de Deus para simbolizar o Espírito Santo como uma pomba foram para nos revelar sua natureza gentil. A gentileza de uma pomba caracteriza a personalidade do Espírito Santo. Ele nunca é áspero, rude, crítico ou julgador. Ele convence do pecado, corrige, instrui, ensina e guia, sempre com a paciente gentileza de sua personalidade divina.

As poucas características da personalidade do Espírito Santo que descrevemos aqui ajudam a estabelecer em nossa mente que ele é uma Pessoa. Nosso objetivo é ter relacionamento íntimo com essa maravilhosa terceira Pessoa da Trindade. Seu propósito é que nos tornemos a expressão de Deus na terra, enquanto entregamos nossa mente, vontade e emoções ao Espírito Santo. Quando permitimos que ele nos encha com seu amor divino, tornamo-nos centrados em Deus, em vez autocentrados. Então, começamos a conhecer o sentido da vida e a cumprir os propósitos que Deus tem para nós.

Como podemos nos relacionar com o Espírito Santo?

O desejo supremo de Deus é que todos os seus filhos o conheçam por intermédio de uma verdadeira comunhão no Espírito Santo. A beleza da sua Pessoa, conforme a descrevemos rapidamente, deveria criar em nós o desejo de conhecê-lo. Minha intenção é recontar as maravilhas de Deus como as vemos na Pessoa do Espírito Santo, de modo que possamos ser inspirados a nos relacionar intimamente com ele. Paulo declarou: "Considero tudo como perda, comparado com a suprema grandeza do conhecimento de Cristo Jesus, meu Senhor" (Filipenses 3:8). O Espírito Santo nos foi concedido para que pudéssemos conhecer a Cristo. Jesus disse que ele enviaria o Conselheiro, o Espírito Santo, que "receberá do que é meu e o tornará conhecido a vocês" (João 16:15). A partir do que Jesus disse, fica claro que precisamos conhecer o Espírito Santo intimamente a fim de desfrutar o tipo de relacionamento com Deus que ele pretende que seus filhos desfrutem.

A dificuldade

Muitos cristãos parecem ter alguma dificuldade em alcançar a plenitude de relacionamento com o Espírito Santo, embora as Escrituras nos ensinem que podemos nos relacionar com ele. Por isso, seria útil examinar rapidamente as causas dessa dificuldade para que possamos superá-la. Conforme expliquei de forma mais completa em meu livro *God's Dream* [O sonho de Deus], há três motivos principais por trás da falta de relacionamento com o Espírito Santo como sendo uma Pessoa.[1]

Primeiro, interpretamos de forma equivocada a passagem que diz: "Mas, quando o Espírito da verdade vier, ele os guiará a toda a verdade. Não falará de si mesmo" (João 16:13). Interpretamos esse versículo com o sentido de que o Espírito Santo não fala sobre si mesmo, que ele não chama atenção para si mesmo. Por essa razão, concluímos, erroneamente, que também não devemos focar nossa atenção nele. Embora seja verdade que ele veio para exaltar Jesus, o Espírito Santo, sendo Autor das Escrituras, ainda se refere a si mesmo mais de duzentas vezes nelas. Portanto, entendemos de modo equivocado o sentido da frase "não falará de si mesmo". O entendimento mais apropriado dessa frase é que o Espírito

O PODEROSO ESPÍRITO SANTO

Santo não fala por seus próprios recursos, mas fala o que ouve o Pai falar. A interpretação equivocada desse versículo, com frequência, leva-nos a diminuir a importância da relação com Espírito Santo como a terceira Pessoa da Trindade.

Uma dificuldade adicional para alcançarmos um relacionamento com o Espírito Santo é nossa falta de um ponto de referência para nos relacionarmos com um ser espiritual. Conseguimos nos relacionar em nosso pensamento com Deus Pai porque temos pais terrenos que nos fornecem um conceito de paternidade. Identificamo-nos com bastante facilidade com Jesus, uma vez que ele se tornou um ser humano como nós e viveu entre nós. Por outro lado, não temos nenhuma referência humana para o Espírito Santo, por isso temos dificuldade com sua falta de corporeidade. Não conseguimos vê-lo como uma entidade, nem mesmo nos relacionamos com ele em um sistema humano. Começamos a superar essa dificuldade quando aprendemos a ver o Espírito Santo na Igreja, seu corpo na terra.

Cada cristão passa a ser um templo do Espírito Santo, refletindo seu caráter e sua natureza. Paulo nos instrui sobre como o corpo de Cristo funciona:

Antes, seguindo a verdade em amor, cresçamos em tudo naquele que é a cabeça, Cristo. Dele todo o corpo, ajustado e unido pelo auxílio de todas as juntas, cresce e edifica-se a si mesmo em amor, na medida em que cada parte realiza a sua função.

—Efésios 4:15-16

O RELACIONAMENTO COM UMA PESSOA DIVINA

Uma vez que somos templos do Espírito Santo, quando aprendemos a ser cheios dessa Pessoa da Trindade, individualmente, manifestamos sua vida na Terra em nossa congregação como o corpo de Cristo.

Terceiro, porque temos dificuldade com sua falta de corporeidade, tentamos entender o Espírito Santo por meio de símbolos que o representam ou dos dons que ele nos confere. O Espírito Santo não é vento, óleo nem chuva. As Escrituras usam essas metáforas apenas para descrever aspectos de sua Pessoa para nós. Ele não é "neutro", nem uma "língua", tampouco, uma influência. Ele é a terceira Pessoa da Trindade. Quando aceitamos a realidade do Espírito Santo ser uma Pessoa divina, aprendemos a responder a ele como a Pessoa que é.

O caminho para a intimidade: a comunhão pessoal

Uma vez que aceitamos o Espírito Santo como uma Pessoa divina, começamos a nos familiarizar com ele. Aprendemos a desfrutar a comunhão íntima com o Espírito Santo quando nos dedicamos à oração e à associação com ele. Sem cultivar uma vida de oração e comunhão com o Espírito Santo, não conseguiremos desenvolver um relacionamento que nos capacite a andar nele. Embora possamos sentir a bênção do Espírito Santo enquanto lemos a Palavra e recebemos sua orientação em testemunhar para Cristo, ainda não estamos de fato caminhando no Espírito por causa da falta de comunhão com ele. Ele pode até mesmo nos ungir quando pregamos a Palavra e nos dar entendimento e discernimento das coisas espirituais, mesmo quando nossa caminhada na companhia dele não é exatamente como ele pretendia. Enquanto discutimos de modo mais completo o sentido escritural da frase "vida no Espírito" (veja o segundo livro desta série) descobrimos a profundidade do relacionamento com o Espírito Santo disponível para os cristãos.

Muitos de nós que nascemos de novo e fomos cheios com o Espírito Santo ainda pensamos em sua entrada em nossa vida meramente como uma experiência de poder que trouxe dons espirituais. Na realidade, o Espírito Santo entra na nossa vida como uma Pessoa, não como uma experiência. Conhecer o Espírito Santo exige passar tempo com ele, permitindo que ele fale conosco. Quando fazemos isso, aprendemos a nos tornar sensíveis a seu estado de espírito, que revela seus desejos em uma situação particular ou para uma pessoa em particular. A seguir, o Espírito, por nosso intermédio, ora ao Pai para que sua vontade seja feita na vida da igreja, individual e coletivamente. E aprendemos o que agrada a ele até mesmo nas pequenas questões da nossa vida diária.

Os resultados da comunhão com o Espírito Santo

Vitória. A comunhão com o Espírito Santo torna possível que vivamos nossa vida diária de um modo que agrade a Deus. Se, de manhã, sentimos seu frescor e vigor em nosso coração, conseguimos a força necessária para atravessar os desafios desse dia, sabendo que em todas as situações seremos completamente vitoriosos. Talvez muitos, como eu, tenham descoberto que não somos bastante espertos para resolver os incontáveis problemas que enfrentamos continuamente. Conforme desenvolvemos uma comunhão pessoal com o Espírito Santo, podemos orar: "Espírito Santo, por favor, guie-me e ensine-me a respeito desse problema que estou enfrentando. Dê-me sua resposta proveniente da mente de Deus." A seguir, podemos esperar, com certeza, a resposta do Espírito Santo, que é fiel em nos mostrar o caminho para a vitória.

Revelação. Muito do tempo que dedicamos à oração a Deus todos os dias deve ser devotado a meditar calmamente sobre a Palavra e permitir que o Espírito Santo fale a nosso coração, pois a revelação vem do Espírito Santo que habita em nós. Cada vez que Deus nos concede uma nova percepção na Palavra, ele faz o *logos* (a Palavra escrita) se tornar uma *rhema* (a Palavra viva) para nosso espírito. Assim como o Espírito Santo fez Maria conceber em seu corpo físico, ele também enche nosso espírito com a Palavra viva. A leitura das Escrituras em comunhão com o Espírito Santo, o Autor delas, faz com que elas vivam em nosso espírito. Somos renovados espiritual, mental e fisicamente porque aguardamos em oração no Espírito Santo o qual transforma nossa mente para pensarmos como Deus e entramos em harmonia com a vontade dele. É o Espírito Santo quem nos unge para ministrarmos a outros, com poder e autoridade, a Palavra revelada de Deus.

Proteção. Por meio de nossa associação com o Espírito Santo recebemos sua proteção contra o inimigo. Muitas vezes, as perseguições vindas do mundo não nos ferem tão profundamente quanto os ataques vindos do povo de Deus. Nossa comunhão diária com o Espírito

O PODEROSO ESPÍRITO SANTO

Santo nos protege, talvez não dos ataques reais, mas dos efeitos negativos desses ataques. Ele nos capacita a superar nossas provações severas não como pessoas amargas, mas como pessoas melhores.

Unção. A unção do Espírito Santo para o ministério vem a nós por intermédio da oração e também da comunhão. Ao nos entregarmos a ele em obediência e fé, ele nos capacita a exercer os dons do Espírito (1Timóteo 4:14,15). Até mesmo muitos que sabem a respeito dos dons e manifestações do Espírito não sabem como usufruir deles. Paulo escreveu: "Irmãos, quanto aos dons espirituais, não quero que vocês sejam ignorantes" (1Coríntios 12:1). Adquirimos o entendimento dos dons espirituais de que precisamos quando nos relacionamos com o Espírito Santo.

Motivação. Até mesmo o coração, com a motivação correta para exercer os dons, é resultado da comunhão com o Espírito Santo. O apóstolo Paulo ensinou que a motivação apropriada para exercitar os dons do Espírito é o amor — amor por Deus e uns pelos outros (1Coríntios 13). Alguns ensinam que o amor é o maior dom. Não foi isso que Paulo ensinou. Ele disse "Busquem com dedicação os melhores dons. Passo agora a mostrar-lhes um caminho ainda mais excelente" (1Coríntios 12.31). O amor não é um dom, mas um caminho. A associação com o Espírito Santo desenvolve em nós o caminho do amor, que mantém todos os dons e manifestações espirituais na ordem apropriada. A oração faz com que os dons individuais de ministrar operem em harmonia, motivados pelo amor e sem competição prejudicial.

28

Ministério. Da mesma maneira, o ministério quíntuplo concedido "com o fim de preparar os santos para a obra do ministério" (Efésios 4:12) tem de ser liberado por intermédio da unção do Espírito Santo, a qual vem por meio de muita meditação e oração. O crescimento e desenvolvimento no ministério vem por meio da espera desse ministério na oração e da comunhão com o Espírito Santo. É claro que o Espírito administra o quíntuplo ministério de dons de acordo com a escolha do Pai. Contudo, cada pessoa cheia do Espírito pode ministrar a vida do Espírito Santo. Independentemente de você ser ou não apóstolo, profeta, pastor, professor, administrador da igreja, presbítero ou diácono, seu dom espiritual só cresce e se desenvolve para a edificação apropriada do corpo por intermédio da oração e da meditação na Palavra.

Coragem. O Espírito Santo é a provisão de Deus para aumentar nossa coragem, inspirar nossa obediência e fortalecer nossa fé. A obediência para seguir o caminho ao qual ele nos guia exige, com frequência uma coragem que só a comunhão e associação devotas com o Espírito Santo podem produzir. Da comunhão vem a coragem e a fé necessárias para obedecer à Palavra de Deus, pois o Espírito Santo acredita em tudo o que nosso Senhor diz. A chave para a vida abundante e vitoriosa é a obediência ao Espírito de Deus. Não desfrutamos a qualidade de vida abundante que Jesus veio para nos dar a não ser que obedeçamos ao Espírito Santo. A associação com ele fortalece nosso desejo de lhe obedecer. A vida cristã pode ficar tediosa, rotineira e até mesmo negativa caso não desfrutemos de comunhão consistente com o Espírito Santo.

A comunhão com o Espírito Santo se torna um caminho de vida para o cristão que aprende a cultivar um relacionamento pessoal com ele. Caso não esteja ainda acostumado a esse relacionamento divino com o Espírito Santo, mas gostaria de desfrutar dele, pode simplesmente pedir a ele para vir e tornar a presença de Cristo real para você. Peça-lhe que lhe conceda um novo entendimento de sua Palavra e trazê-lo a uma nova caminhada de comunhão com ele. Deus gosta de responder a esses pedidos, pois eles cumprem sua vontade em nossa vida. Aprendemos a caminhar em comunhão com o Espírito Santo que continuará a desenvolver toda nossa vida. Ela nos trará a maturidade que Deus pretende que conheçamos e experimentemos, tornando-nos assim filhos de Deus, cheios de conhecimento.

A Palavra de Deus nos revelou tudo o que precisamos saber sobre o Espírito Santo. Quando nos dedicamos ao estudo devotado das Escrituras, podemos esperar entrar em um relacionamento plenamente satisfatório com ele. Quando o convidamos a entrar em nossa vida, ele vem a ser nosso Conselheiro para nos guiar em toda verdade. Ao aprender a caminhar com ele, podemos conhecê-lo e amá-lo pela Pessoa maravilhosa que é. Deus pretendia que nos comunicássemos com essa preciosa terceira Pessoa da Trindade a fim de experimentar a plena redenção da nossa alma. Ao ficarmos mais sensíveis ao Espírito Santo, seguramente obedecemos a ele e, então, percebemos o cumprimento das promessas de Deus em nossa vida. A seguir, chegamos ao conhecimento de sua mente, ao modo como ele pensa a respeito da vida. Descobrimos

O RELACIONAMENTO COM UMA PESSOA DIVINA

sua vontade e passamos a fazer parte dela, entregando nossa vontade no processo. Reconhecemos suas respostas emocionais e começamos a dar as respostas emocionais corretas a ele quando aprendemos o que o agrada ou desagrada.

Mesmo agora, essa bela terceira Pessoa da Trindade espera que o procuremos de todo coração. Só quando o procuramos, descobrimos o verdadeiro sentido e propósito da vida em Deus.

2

As respostas emocionais do Espírito Santo

Odiaria viver sem expressar emoção. Para algumas pessoas, expressar sentimentos é sinal de desequilíbrio emocional, ou seja, uma demonstração de fraqueza. Elas condenam em especial o sentimento relacionado a uma experiência emocional. Embora elas declarem não ser saudável expressar emoção em experiências religiosas, essas mesmas pessoas não consideram errado ficar com raiva de alguém ou expressar deleite quando recebem um presente. Frequentemente ficam roucas de tanto gritar entusiasmadas em um jogo de futebol. Contudo, condenam a resposta emocional na religião. Chorar ao orar ou se regozijar com cânticos de louvor seria um comportamento inaceitável para elas.

Pessoas assim também acham que é um sinal de fraqueza chorar. No entanto, os psicólogos e médicos discordam desse pensamento. Eles dizem que é não saudável conter as lágrimas. Reprimir as emoções se torna um veneno para a saúde, tanto mental quanto fisicamente. É claro que não podemos atribuir isso à filosofia prevalente hoje "deixe-os manifestar suas emoções". A Escritura não defende que desabafemos a raiva e outras emoções negativas de modo irresponsável. Ao contrário, ela nos ensina a desenvolver o autocontrole em nossa vida, entregando o poder ao Espírito Santo. Assim, conseguimos dominar as emoções negativas. Com a expressão "reprimir a emoção" referimo-nos à contenção das expressões legítimas de emoção, conforme ensinadas na Palavra. A saúde emocional é resultado da resposta livre e correta de nossas emoções, em cada situação, à medida que elas são estimuladas pelo Espírito Santo.

Reprimir a emoção não é um sinal de força, mas de teimosia e egoísmo. Uma pessoa dura e autocentrada não expressa emoções de gratidão ou ternura por Deus ou pelos outros. Alguém feliz, amável, amoroso e terno reflete um caráter piedoso, não fraco. Precisamos aprender a expressar as emoções de forma honesta e apropriada, como Deus pretendia que fizéssemos. Quando percebemos que nossas emoções formam um terço da nossa alma (sendo as outras duas partes o intelecto e a volição), começamos a entender melhor a importância delas para nossa saúde e felicidade.

O Espírito Santo é uma Pessoa que tem respostas emocionais definidas, conforme descrito claramente nas Escrituras.[1] Ele é Deus, e Deus é amor (1João 4:8). Não existe emoção mais forte que o amor. A força do amor de Deus é revelada com mais clareza em sua disposição de suportar o sofrimento extremo para resgatar o objeto de seu amor: a humanidade. A Bíblia ensina: "Porque Deus tanto amou o mundo que deu o seu Filho Unigênito, para que todo o que nele crer não pereça, mas tenha a vida eterna" (João 3:16). O amor pela humanidade fez com que Jesus viesse para sofrer e morrer na cruz a fim de satisfazer a justiça de Deus em relação ao pecado. Apesar de o ódio e a raiva terem causado estragos ao longo da história do homem, o universo todo, um dia, testificará a supremacia do amor. A força do amor piedoso sempre será expressa, como o foi por intermédio de Jesus, nos atos sacrificiais de doação. O amor da Trindade suportou a dor do Salvador crucificado que deu sua vida pela humanidade. Hoje, Deus ainda sofre a rejeição de homens e mulheres que se recusam a aceitar seu amor. O Espírito Santo, como a terceira Pessoa da Trindade, revela as emoções amorosas de Deus. Esse amor intenso o mantém tentando salvar aqueles que estão perdidos e se regozija com os anjos quando um pecador se arrepende (Lucas 15.10; 19:10).

É incrível pensar que os seres humanos ousam recusar esse amor divino. Quando o Espírito Santo tenta redimir nossa personalidade humana caída, podemos escolher responder a ele de forma positiva ou negativa. Nos relacionamentos humanos, uma ação positiva direcionada a uma pessoa, em geral, provoca uma resposta positiva. Também é verdade que nossas respostas negativas às pessoas previsivelmente causem consequências desagradáveis. Da mesma maneira, a forma como respondemos ao Espírito Santo constrói um relacionamento amoroso com ele ou impede o desenvolvimento desse relacionamento. É claro que o Espírito Santo é sempre verdadeiro com sua natureza de amor e não nos abandona como as pessoas a quem ofendemos costumam fazê-lo. Ele continua a operar em nossa vida a fim de nos atrair para um relacionamento em que possamos ser transformados à imagem de Cristo. O Espírito, por sua vez, nunca nos força contra nossa vontade, pois isso violaria o sentido do relacionamento. *Ele deseja que escolhamos dar-lhe uma resposta de amor porque ele nos amou primeiro.* Nossas escolhas afetam nossa associação com Deus da mesma maneira como afetam nossa associação com as pessoas. O relacionamento satisfatório com as pessoas depende muito da nossa resposta a elas. Nosso relacionamento com a terceira Pessoa da Trindade não é uma exceção a esse princípio.

As respostas negativas

A Escritura está repleta de exemplos e instruções em relação às respostas emocionais do Espírito Santo. Assim como Deus, ele responde ao pecado sem tolerância. Mas responde à humanidade do modo longânime e suplicante que o amor de Deus usa para buscar e salvar os pecadores. Ele reage à adoração e ao louvor do cristão de maneira satisfatória, mas, à desobediência, com profunda tristeza. O Espírito Santo deseja não só responder ao cristão, mas também se expressar por intermédio dele. Paulo ensinou que "Deus derramou seu amor em nossos corações, por meio do Espírito Santo que ele nos concedeu" (Romanos 5:5). Ele, quando lhe entregamos nosso coração, expressa o amor de Deus por meio da nossa vida. Assim, examinar as respostas emocionais do Espírito Santo reveladas a nós pelas Escrituras nos ajuda a entender melhor essa bela terceira Pessoa da Trindade.

Entristecer

Primeiro, as Escrituras ensinam que o Espírito Santo pode ser entristecido. Paulo exortou os efésios a "não entristecer o Espírito Santo de Deus, com o qual vocês foram selados para o dia da redenção" (Efésios 4:30). Nessa passagem, o apóstolo enumera vários pecados: comunicação pervertida, roubo, mentira, amargura, ira e maledicência e nos instrui a evitá-los. Seguramente, podemos concluir que, se não seguirmos essas instruções e se não nos arrependermos desses pecados, entristecemos o Espírito Santo. Precisamos entender que, por ele ser amor, quando pecamos, causamos sofrimento a ele

O coração e a mente produzem atitudes pecaminosas de rejeição, rebelião, endurecimento do coração, desobediência que entristecem o Espírito Santo. O pecado é concebido na mente antes de se tornar uma obra. As Escrituras ensinam que "o coração é mais enganoso que qualquer outra coisa e sua doença é incurável. Quem é capaz de compreendê-lo?" (Jeremias 17:9). Jesus disse que do coração procedem "os maus pensamentos, os homicídios, os adultérios, as imoralidades sexuais, os roubos, os falsos testemunhos e as calúnias" (Mateus 15:19). Só o Espírito Santo pode mudar nosso coração pecaminoso quando o entregamos a ele. Ao nos entregarmos

AS RESPOSTAS EMOCIONAIS DO ESPÍRITO SANTO

continuamente ao Espírito, em obediência, vivemos um relacionamento correto com ele de modo a não entristecermos seu coração de amor por meio de nossos pensamentos, palavras e atos.

Contristar

As Escrituras também ensinam que o Espírito Santo também pode ser contristado. O profeta Isaías declarou: "Mas eles foram rebeldes e contristaram o seu Espírito Santo; pelo que se lhes tornou em inimigo e ele mesmo pelejou contra eles" (Isaías 63:10, ARC). Contristar alguém significa atormentar e trazer estresse ou agitação. O povo de Israel contristou o Espírito Santo quando se rebelou contra seus caminhos. A rebelião contra Deus sempre produz consequências negativas.

Não prestar atenção à acusação do Espírito Santo, no fim, resulta no julgamento de Deus em nossa vida. Contudo, Deus, mesmo quando julga, revela a força de seu grande amor, pois sua intenção é sempre redentora, nunca destrutiva. Ele usa seus julgamentos para nos levar de volta para si mesmo, com novo desejo de que vivamos de acordo com sua santa vontade. O salmista entendeu essa verdade quando escreveu: "Antes de ser castigado, eu andava desviado, mas agora obedeço à tua palavra [...] Foi bom para mim ter sido castigado, para que aprendesse os teus decretos" (Salmos 119:67,71). Embora a aflição nem sempre seja resultado da desobediência, quando somos afligidos devemos ser sábios em ponderar nossos caminhos. Se o Espírito Santo nos condena de pecado e aceitarmos seu julgamento sem nos rebelar, podemos ter certeza que ele recebe nosso arrependimento e nos purifica de nosso pecado. Se persistirmos no pecado, temos certeza de que contristamos o precioso Espírito Santo e perdemos a paz de Deus que concedida àqueles que caminham em obediência a ele.

Ofender

Conforme já mencionado, a pomba que desceu sobre Jesus em seu batismo representava o Espírito Santo (Lucas 3:22). Essa natureza gentil da pomba pode ser ofendida. O Espírito Santo é Deus, e Deus é amor. Por conseguinte, embora o Espírito Santo nunca reaja ele mesmo com falta de amor, nossa rebeldia pode ofendê-lo.

Às vezes, somos ofendidos em nossos relacionamentos porque somos autocentrados e "demonstramos abertamente nossos sentimentos". Ficar ofendido facilmente é uma reação carnal, e precisamos nos arrepender disso. No entanto, quanto mais próximos andamos de Deus, mais sensíveis ficamos devido à sua presença e natureza amorosas. Uma caminhada mais próxima a Deus também nos sensibiliza para tudo que é incompatível com sua natureza. Somos conscientes da aspereza, falta de gentileza e rudeza das pessoas quando conhecemos presença amorosa de Deus. Embora nossa resposta a essas atitudes negativas possa ser mais piedosa, sentimos de modo mais profundo a falta de amor das pessoas quando estamos em comunhão com o amor de Deus. Se isso é verdade quanto à nossa limitada experiência humana, como se sente o Espírito Santo, que é puro amor, quando se depara com nossas atitudes ásperas e nosso coração endurecido?

Ofender um de nossos irmãos ou irmãs em Cristo, nosso cônjuge ou filhos fere o coração do Espírito Santo, pois ele habita em cada um deles. Paulo exortou os cristãos efésios a ser "bondosos e compassivos uns para com os outros, perdoando-se mutuamente, assim como Deus os perdoou em Cristo" (Efésios 4:32). Suas instruções sobre como tratar uns aos outros como cristãos são muito claras. Espera-se que respondamos uns aos outros de maneira "completamente humildes e dóceis, e sejamos pacientes, suportando uns aos outros com amor. Façamos todo o esforço para conservar a unidade do Espírito pelo vínculo da paz" (Efésios 4:2-3). Essas atitudes não são próprias da nossa natureza humana. Somente o Espírito Santo pode operá-las em nosso interior quando ele nos enche com seu amor pelos irmãos em Cristo. Quando pecamos contra alguém, mesmo sem intenção de fazê-lo, ofendemos o Espírito Santo. Portanto, precisamos nos arrepender de nosso pecado contra o amor de Deus.

Apagar

O Espírito Santo, por ser uma Pessoa gentil, não nos obriga a obedecer-lhe. Ele espera ser convidado a entrar em nossa vida e ser bem-vindo nela. Então, com paciência, convence-nos da verdade da justiça. As Escrituras nos ensinam a "não apagar o Espírito" (1Tessalonicenses 5:19). Se escolhermos não obedecer ao Espírito Santo, apagamos sua obra em nossa vida. A figura de linguagem no grego para apagar o Espírito é literalmente "sufocando a garganta do Espírito Santo". Um modo pelo qual fazemos isso é recusando prestar atenção à palavra condenatória dele para nosso pecado. Podemos, como cristãos individuais, esperar que o Espírito Santo nos fale a verdade sobre nossa vida. É imperativo que nos entreguemos a sua gentil e clara orientação quando ele deseja nos aconselhar e guiar em toda verdade. Caso não façamos isso, podemos ser culpados de apagar sua presença em nossa vida. Nesse caso, nossa natureza pecaminosa nos controlará até que escolhamos nos arrepender e permitir que o Espírito Santo nos governe novamente.

Temos de entender que também é possível apagar o movimento do Espírito Santo como corpos da igreja. Precisamos ficar sensíveis aos desejos do Espírito Santo para nossos cultos de adoração. Por exemplo, algumas igrejas ficam perplexas com o movimento do Espírito Santo por meio dos dons do falar em línguas e da interpretação destas. Esses cristãos relegaram tais "interrupções" à sala de orações nas noites de quartas-feiras. Outros programas da igreja não deixam espaço para o Espírito Santo mudar a programação controlada por seus líderes de modo judicioso. A entrega ao Espírito Santo em fé, sem saber exatamente como ele se moverá, cria uma incerteza na mente deles a qual não estão dispostos a permitir. Antes, eles apagariam o fluxo de vida do Espírito Santo a perder o "controle" das reuniões. Essas atitudes impedem nosso relacionamento corporativo com o Espírito Santo no corpo de Cristo ao apagar o movimento dele. Seguir a orientação do Espírito Santo, quando ele nos ensina a adorar, exige cultivar um relacionamento sensível com ele. Quando agimos assim, evitamos apagar o movimento dele e desfrutamos sua presença.

AS RESPOSTAS EMOCIONAIS DO ESPÍRITO SANTO

Mentir

Também é possível mentir ao Espírito Santo como fazemos a qualquer outra pessoa, mas não sem consequências. Ananias e Safira, cristãos da Igreja primitiva, mentiram para o Espírito Santo (Atos 5). Pedro soube, por meio do Espírito, que eles estavam mentindo. O apóstolo repreendeu-os, perguntando-lhes por que Satanás enchera o coração deles para mentir ao Espírito Santo. Eles não mentiram para os homens, mas para Deus e morreram na mesma hora, por causa do julgamento divino. Precisamos tomar cuidado quando juramos a Deus a respeito da nossa vida. Nosso amoroso Pai celestial não está à espera para nos atacar se tropeçarmos e falharmos miseravelmente em cumprir nosso compromisso para com ele. Mas se fizermos uma determinada promessa a ele enquanto pretendemos cumprir outra, completamente diferente, não estamos mentindo para os homens, mas para Deus.

Privar

Podemos privar o Espírito Santo de sua honra ao tomar para nós mesmos a honra devida a ele. A Bíblia registra o destino de dois importantes líderes que se recusaram a dar a Deus a glória devida a ele. No Antigo Testamento temos o do rei Nabucodonosor da Babilônia que se gloriava no poderoso reino que construiu pela força de seu próprio poder e para a honra de sua majestade. Por ter creditado sua própria grandeza a si mesmo, ficou louco e foi para os campos viver com as bestas durante sete anos. Finalmente, quando ele levantou os olhos

O PODEROSO ESPÍRITO SANTO

para o céu e louvou a Deus, sua sanidade foi restaurada, e ele foi restabelecido em seu reinado. A seguir, ele declarou: "Agora eu, Nabucodonosor, louvo, exalto e glorifico o Rei dos céus, porque tudo o que ele faz é certo, e todos os seus caminhos são justos. E ele tem poder para humilhar aqueles que vivem com arrogância" (Daniel 4:37).

O Novo Testamento registra um destino pior para o rei Herodes quando se vestiu com seu traje real e fez um discurso grandioso para o povo que logo o aclamou como um deus. "Visto que Herodes não glorificou a Deus, imediatamente um anjo do Senhor o feriu; e ele morreu comido por vermes" (Atos 12:23). É perigoso para qualquer pessoa pecar contra Deus, quebrando o primeiro mandamento: "Não terás outros deuses além de mim" (Êxodo 20:3). Embora, talvez, não nos curvemos ostensivamente diante de outro deus, precisamos examinar nosso coração quando assumimos o crédito pessoal pelas realizações, em vez de dar a glória a Deus, que nos capacita a ser bem-sucedidos.

Quando Deus nos dá revelação na Palavra e a compartilhamos com outros, não ousemos assumir o crédito pela bênção que ela traz para a vida das pessoas. É o Espírito Santo quem nos dá a capacidade de entender a Palavra. Temos de ser cuidadosos em reconhecê-lo e dar a ele a glória porque nos revelou a verdade. Da mesma maneira, quando temos a graça de contribuir financeiramente para com Reino, precisamos ter cuidado para não ficarmos soberbos, como se estivéssemos realizando um grande feito. É a obra do Espírito Santo em nossa nature-

42

za humana egoísta que nos capacita a ser doadores generosos e satisfeitos. Não somos basicamente bons, como insiste certo humanista secular. Dependemos do Espírito Santo para nos capacitar a viver de um modo que agrade a Deus em todas as áreas da nossa vida. É preciso cuidado para não enganar o Espírito Santo, tomando para nós mesmos a glória que pertence a ele, como se fôssemos responsáveis pelo que ele faz para nos redimir.

Resistir

No dia de Pentecostes, Pedro pregou para os judeus, repreendendo-os como povo "rebelde, obstinado de coração e de ouvidos" que "sempre resistem ao Espírito Santo" (Atos 7:51). É incrível pensar que nós, seres humanos finitos, ousamos acreditar que temos poder para resistir aos planos e propósitos da terceira Pessoa da Trindade. Contudo, quando o gentil Espírito Santo vem para trazer condenação ao nosso coração e não nos arrependemos de nosso pecado, somos culpados de resistir a ele e permanecemos em nosso pecado. Seu propósito divino é nos purificar continuamente e nos transformar na imagem de Cristo. Podemos, como cristãos, esperar que o Espírito Santo nos ensine a verdade da Palavra e nos lidere e conduza em toda a vontade de Deus para nossa vida se não resistirmos a ele.

Blasfemar

Finalmente, não devemos omitir o horroroso fato de que podemos blasfemar contra o Espírito Santo. Uma simples definição de *blasfêmia contra o Espírito Santo* é "atri-

O PODEROSO ESPÍRITO SANTO

buir, deliberada e intencionalmente, ao demônio a obra do Espírito Santo."

O contexto do ensinamento de Jesus sobre esse assunto foi a atitude crítica e desafiante dos fariseus em relação a sua obra de expulsar espíritos malignos. Eles continuaram acusando Cristo de expulsar demônios pelo poder e autoridade do Belzebu [...]. Portanto, os fariseus estavam especificamente blasfemando contra o Espírito Santo, ou caluniando-o ao dar ao demônio o crédito pelos milagres de exorcismo realizados por Jesus quando, na realidade, esses sinais eram operados pelo Espírito de Deus. Mas essa falsa acusação era apenas um sintoma do pecado subjacente para o qual não há perdão (Mateus 12:33-37). As palavras deles os condenariam, pois estas evidenciavam uma atitude permanente e impenitente da mente que rejeitava de modo persistente a persuasão e condenação do Espírito.[2]

Satanás tenta amedrontar e condenar as pessoas com a ameaça de que elas cometeram um pecado imperdoável. Ninguém corre o risco de cometer o pecado de blasfêmia contra o Espírito Santo *a menos* que conheça a Deus e, depois, afaste-se deliberadamente dele em desobediência e rejeição a ele. Um coração endurecido e um pescoço enrijecido pela desobediência levam a um estado de apostasia que pode resultar em blasfêmia (Jeremias 10:26-31). Se uma pessoa deseja ser perdoada do pecado, isso é evidência de que ela não tem um coração comprometido com o pecado imperdoável de blasfêmia contra o Espírito Santo. Deus *sempre* perdoa um pecador arrependido se ele se afastar de seu pecado e desejar ser perdoado. É reconfortante saber que, se estamos preocupados com nosso pecado, estamos fora dessa condição impenitente de endurecimento que resulta em apostasia e blasfêmia. Só precisamos reprovar a mentira de Satanás e nos arrepender de nosso pecado para ficar em paz e ter um relacionamento com o Espírito Santo.

Se sabemos que desagradamos o Espírito Santo com essas atitudes, então podemos nos proteger contra elas e aprender a agradá-lo em todas nossas respostas à vida. Ao cultivar um relacionamento com o Espírito Santo, ao contrário de alguns de nossos relacionamentos com as pessoas, temos certeza de sua resposta amorosa a nós. Ele até mesmo nos capacita a responder de modo amoroso a pessoas insensíveis quando permitimos que ele viva a vida de Cristo por nosso intermédio.

As respostas positivas
Obedecer
Se nossa desobediência entristece o Espírito Santo, então podemos ter certeza de que nossa obediência delicia o coração dele. Quando nos entregamos ao poder de convencimento dele e obedecemos a sua verdade revelada para nós, começamos a conhecer a justiça, paz e alegria do Espírito Santo em nossa vida e igrejas. O salmista declarou: "A tua palavra é lâmpada que ilumina os meus passos e luz que clareia o meu caminho" (Salmos 119:105). Caminhar em obediência à Palavra de Deus nos ajuda a ter o relacionamento apropriado com o Espírito Santo. Não só nossa vida individual traz glória a Deus, mas também

desfrutamos sua presença coletivamente em nossas igrejas quando caminhamos em seus preceitos, obedecendo a suas ordens com alegria.

Crer

O Espírito Santo é o Espírito da verdade. Temos de responder positivamente à verdade que ele revela, escolhendo acreditar nele, se quisermos experimentar seu poder divino em nos libertar do pecado. Paulo escreveu para a igreja em Tessalônica que eles foram escolhidos "para serem salvos mediante a obra santificadora do Espírito e a fé na verdade" (2Tessalonicenses 2:13). Nossa salvação só é possível quando acreditamos no Espírito da verdade. Vivemos de acordo com o que acreditamos constitui uma máxima verdadeira. Quando acreditamos que o dinheiro é a coisa mais importante nesta vida, dedicamos toda nossa energia em busca dele. Quando acreditamos que a obediência a Deus é a grande prioridade que traz sucesso verdadeiro, então entregamo-nos ao Espírito Santo e obedecemos à Palavra de Deus. Na verdade, a entrega ao Espírito Santo não é uma opção para o cristão, mas um mandamento. Paulo instrui os cristãos a "oferecerem-se a Deus como quem voltou da morte para a vida; e oferecerem os membros do corpo de vocês a ele, como instrumentos de justiça. Pois o pecado não os dominará" (Romanos 6:13,14). A obediência é o resultado da entrega da nossa vontade à vontade do Espírito Santo.

Todas as promessas de Deus pertencem àqueles que obedecem com alegria à vontade de Deus revelada por intermédio da sua Palavra pelo Espírito Santo. O Espírito

AS RESPOSTAS EMOCIONAIS DO ESPÍRITO SANTO

Santo não só nos ensina como obedecer, mas também nos dá o desejo e o poder para fazer isso enquanto caminhamos no relacionamento com ele. Paulo encorajou os filipenses:

> Assim, meus amados, como sempre vocês obedeceram, não apenas na minha presença, porém muito mais agora na minha ausência, ponham em ação a salvação de vocês com temor e tremor, pois é Deus quem efetua em vocês tanto o querer quanto o realizar, de acordo com a boa vontade dele.
>
> —FILIPENSES 2:12,13

Só o poder do Espírito Santo pode mudar o coração humano — tirando-o de sua inclinação natural em direção ao pecado e enchendo-o com deleite em fazer a vontade de Deus. Por isso, nosso relacionamento com o Espírito Santo é tão crucial; do contrário, não conseguimos obedecer a Deus.

Honrar

Dar honra é um pré-requisito para termos relacionamentos celestiais. Hoje ouvimos muitos ensinamentos sobre como dar honra em todos nossos relacionamentos, tanto com a família quanto com os amigos. O termo *honra* é definido como "a estima e o respeito devidos a uma pessoa." O Espírito Santo nos ensina como honrar a Deus primeiro e, depois, como aplicar essa atitude em nossos outros relacionamentos. Honramos o Espírito Santo ao reconhecê-lo em todos os nossos caminhos, olhando para ele como nosso Conselheiro, Confortador e Guia divino em toda a verdade. Ele é honrado quando respeitamos e estimamos a Palavra de Deus e obedecemos a ela. Paulo instruiu os cristãos: "Humildemente considerem os outros superiores a si mesmos" (Filipenses 2:3). Quando a humildade de Cristo penetra em nosso relacionamento uns com os outros, honramos uns aos outros e também a Deus.

Essa maravilhosa terceira Pessoa da Trindade pode tornar nossa vida vitoriosa quando aprendemos a ouvir o Espírito Santo e lhe obedecer em todos os seus direcionamentos. É nossa responsabilidade responder de modo apropriado ao Espírito Santo ao nos entregarmos a ele em obediência, acreditando nele e honrando-o em nossa vida. Precisamos perceber que estamos respondendo a uma Pessoa, e não a uma influência ou a algo "neutro". A resposta amorosa dele para nós nos encoraja a fortalecer nosso relacionamento com ele. Conforme amadurecemos em nossa caminhada com Deus, conhecemos a verdadeira satisfação na relação com o Espírito Santo como uma Pessoa ao desfrutar sua resposta para nós como filhos amados de Deus.

As belezas dessa terceira Pessoa da Trindade são tipificadas ao longo das Escrituras para ilustrar para nós sua infinita majestade. À medida que continuamos o estudo de sua figura, descobrimos sua beleza em muitas de suas imagens ou símbolos no Antigo Testamento. Aprendemos a reconhecer muitos aspectos divinos de sua personalidade em cada um desses retratos eternos.

3

Os símbolos revelam o caráter do Espírito Santo

Muitos dos queridos mestres, ministros e estudantes da Palavra de Deus parecem ter a ideia equivocada de que o estudo de símbolos e tipos encontrados nas Escrituras é irreal e irrelevante ou, na melhor das hipóteses, de muito pouca importância. O fato é que os tipos e imagens vagas que falam de realidades futuras permeiam todo o livro sagrado e contêm incontáveis riquezas para o estudante reverente que está disposto a se tornar um escavador dos tesouros escondidos da sagrada Palavra de Deus.

No livro de Moisés e nos livros históricos há muitos personagens, eventos e instituições típicos. Nos livros poéticos temos declarações típicas feitas por personagens típicos. Nas profecias temos mais uma vez personagens e eventos típicos em que o cumprimento dos tipos é predito, enquanto ao longo do Novo Testamento, eles são mencionados e explicados constantemente, como também o grande antítipo é apresentado.[1]

É importante para nós entendermos claramente o que pretendemos dizer com um "tipo". Um tipo prefigura, ou simboliza alguém ou algo. É uma pessoa, lugar, coisa, evento ou incidente registrados na Bíblia para nos dar lições espirituais e nos abrir para algumas verdades sobre Deus ou seu povo. Essas pessoas e lugares não eram míticos; mas personagens reais, fatos históricos. Os eventos típicos registrados nas Escrituras aconteceram de fato; eles não são meras alegorias. Mas cada um deles transmite uma verdade em tipo que é mais abrangente que as realidades naturais que representam.

É preciso cuidado para não apresentar qualquer coisa como um tipo, quando as próprias Escrituras não o designam assim. Mas, se nos aprofundarmos bastante, descobrimos que quase todos os incidentes na história do Antigo Testamento, mencionados no Novo Testamento, são *tipos* em seu ensinamento. Isso fica especialmente claro quando lembramos que o apóstolo Paulo, depois de recapitular os principais eventos da história de Israel, escreveu: "Essas coisas aconteceram a eles como exemplos [tipos] e foram escritas como advertência para nós, sobre quem tem chegado o fim dos tempos" (1Coríntios 10:11). Mantenhamos essa grande declaração na mente enquanto continuamos a estudar os tipos e emblemas do Espírito Santo.

OS SÍMBOLOS REVELAM O CARÁTER DO ESPÍRITO SANTO

Os tipos do Antigo Testamento podem ser comparados a *figuras* em um livro belamente ilustrado. O Novo Testamento pode ser comparado a *legendas* nesse livro que explicam as imagens do Antigo Testamento. Se lermos as legendas em um livro sem jamais olhar as imagens a que se referem, perdemos muito da inspiração do livro e também achamos mais difícil entendê-lo. Da mesma maneira, nós, cristãos, perdemos grandes bênçãos e inspiração se estudarmos apenas o Novo Testamento e tentarmos compreender suas verdades profundas sem recorrer ao Antigo Testamento, no qual essas mesmas verdades são apresentadas em tipos e emblemas que as deixam mais fácil de entender.

Um *emblema* representa, metaforicamente, uma ideia ou um elemento invisível e ajuda a definir seu sentido ético ou espiritual geral.[2] Há pelos menos quatorze emblemas usados na Escritura para representar os vários aspectos do Espírito Santo. Cada emblema revela uma bela faceta da natureza do Espírito Santo e de sua obra na terra. É claro que essa personalidade divina só é verdadeiramente entendida pela revelação de si mesma em nosso coração. Mas como os símiles e as metáforas fornecem a nossa mente uma imagem a apreender, também os tipos e emblemas ajudam a abrir nosso entendimento para a revelação da Pessoa do Espírito.

Por que há tantos tipos e emblemas nas Escrituras? Porque a beleza do nosso glorioso Salvador é tão transcendente, tão maravilhosa que nenhuma imagem sozinha poderia jamais expressar a profundidade da verdade contida nele. Nem a beleza infinita do Espírito Santo pode ser totalmente revelada por meio de uma ou duas imagens ou emblemas. Por isso é que encontramos tantas imagens do Espírito Santo no Antigo Testamento. Quando há repetição em alguma ilustração dele, é porque nosso Pai celestial conhece nossa fraqueza de entendimento e quão curta é a nossa memória. Mesmo assim, descobrimos que cada imagem ou emblema ilustra uma revelação distinta, peculiar a si mesma.

Com frequência, o mesmo objeto é usado em diferentes ocasiões como um tipo, a fim de expressar diferentes conceitos espirituais. Por exemplo, a serpente é usada como um tipo do demônio (Apocalipse 12:9). Jesus muda a imagem quando usa a serpente como um tipo dele mesmo sendo levantado na cruz (João 3:14). Então, ele diz a seus discípulos para serem espertos como as serpentes e inofensivos como as pombas (Mateus 10:16). A serpente, em cada caso, representa uma realidade espiritual distinta. O contexto da Escritura deixa claro para nós o uso do tipo ou emblema. Conforme estudamos com espírito humilde e submisso, procurando a orientação do Espírito Santo a cada passo, ele não falha em abrir para nós esses maravilhosos tesouros da sua Palavra.

A pomba

O Espírito de Deus desceu sobre Jesus no seu batismo na forma de uma pomba (Mateus 3:16). Deve ter sido uma experiência comovente para aqueles, à margem do rio naquele dia, ver a luz da pomba sobre Jesus e ouvir a voz de Deus vinda do céu dizendo: "Este é o meu Filho

OS SÍMBOLOS REVELAM O CARÁTER DO ESPÍRITO SANTO

amado, de quem me agrado" (Mateus 3:17). Eles, embora não estivessem acostumados a testemunhar eventos sobrenaturais, certamente ficaram emocionados com a presença de Deus manifesta naquela hora.

Conforme mencionamos antes, a gentileza da pomba caracteriza a personalidade do Espírito Santo. A pomba que Noé enviou se tornou sua serva para trazer para ele notícias da condição da terra depois do dilúvio. Dessa mesma maneira, o Espírito Santo é Deus servindo à humanidade, trazendo-nos a um conhecimento da vida eterna e nos enchendo com essa vida a pedido nosso. A gentileza e o espírito de serva da pomba nos mostra o tipo de Deus que não tem o mínimo vestígio de dureza ou violência. Ele, gentilmente, nos convence da verdade do amor de Deus e depois espera que o convidemos a entrar em nossa vida. Ele nunca nos força a nos arrepender nem a lhe obedecer. O Espírito Santo sempre lida com a humanidade de acordo com a sua natureza gentil.

Nem mesmo em nossas situações mais dolorosas ousamos pensar que Deus permitiu nossas dificuldades por ser um Deus cruel. Ele não pode nos tratar com maldade, pois sua natureza divina é boa e gentil. Jesus disse: "Venham a mim, todos os que estão cansados e sobrecarregados, e eu lhes darei descanso. Tomem sobre vocês o meu jugo e aprendam de mim, pois sou manso e humilde de coração, e vocês encontrarão descanso para as suas almas" (Mateus 11:28-29). O Espírito de Deus, que veio para nos revelar Jesus, reflete essa gentileza em tudo que faz.

O selo da promessa

Ora, é Deus que faz que nós e vocês permaneçamos firmes em Cristo. Ele nos ungiu, nos selou como sua propriedade e pôs o seu Espírito em nossos corações como garantia do que está por vir.

—2CORÍNTIOS 1:21-22

O propósito de selo é confirmar, garantir e assegurar certas declarações. Paulo ensinou os cristãos efésios que eles foram selados em Cristo "com o Espírito Santo da promessa, que é a garantia da nossa herança" (Efésios 1:13-14). Nessa mesma passagem, Paulo referiu-se aos cristãos como aqueles "que pertencem a Deus". O selo, nesse sentido, representa a propriedade do amor de Deus. Deus nos selou como sua posse, sua propriedade exclusiva. Esse selo escritural da promessa representa a segurança do cristão e a garantia de que a promessa de Deus de vida eterna é real. Quando o demônio tenta nos convencer de que pecamos de modo terrível demais para sermos chamados cristãos, precisamos lembrá-lo de que o Espírito Santo da promessa nos selou. Simplesmente, arrepender-se do pecado atual traz uma purificação do sangue de Cristo e nos reinicia na comunhão como se nunca tivéssemos pecado. A Palavra declara: "Se, porém, andarmos na luz, como ele está na luz, temos comunhão uns com os outros, e o sangue de Jesus, seu Filho, nos purifica de todo pecado" (1João 1:7). O selo da promessa é uma realidade presente que garante nosso futuro eterno com Deus. É a presença do Espírito Santo em nossa vida, lembrando-nos de que pertencemos a Deus e viveremos eternamente com ele.

O ato de unção

Deus ordenou o ato de unção quando instruiu Moisés a criar o óleo de unção. Ele simboliza graça e orientação consagradoras do Espírito Santo para o cristão. Paulo declarou que sua unção era de Deus que "nos selou como sua propriedade e pôs o seu Espírito em nossos corações como garantia do que está por vir" (2Coríntios 1:22). Ele queria dizer que Deus nos fez como o ungido, Cristo Jesus, ungindo tanto a Cristo quanto a nós.[3] As Escrituras nos ensinam que "a unção que receberam dele permanece em vocês, e não precisam que alguém os ensine; mas, como a unção dele recebida, que é verdadeira e não falsa, os ensina acerca de todas as coisas, permaneçam nele como ele os ensinou" (1João 2:27). A presença permanente do Espírito Santo é a unção que dá aos cristãos a capacidade de conhecerem a verdade e serem libertos de toda forma de engano.

Foi escrito sobre Jesus: "Amas a justiça e odeias a iniquidade; por isso Deus, o teu Deus, escolheu-te dentre os teus companheiros, ungindo-te com óleo de alegria" (Hebreus 1:9). Jesus viveu sua vida completamente separado do pecado. Ele se consagrou ao Pai para fazer apenas a vontade dele. Por essa razão, o Pai lhe deu o Espírito sem medida (João 3:34). Ele foi completamente consagrado e divinamente qualificado para o ministério por intermédio da unção do Espírito Santo.

Vemos a contraparte do Antigo Testamento dessa experiência de consagração na vida dos sacerdotes. O óleo da santa unção foi derramado sobre a cabeça de Arão e seus filhos para consagrá-los para o ministério do sacerdócio (Êxodo 29). Somos, como cristãos do Novo Testamento, chamados a ser um sacerdócio santo, "oferecendo sacrifícios espirituais aceitáveis a Deus, por meio de Jesus Cristo" (1Pedro 2:5). O Espírito Santo nos capacita a cumprir nosso chamado de modo sacerdotal. É a unção do Espírito Santo que nos qualifica para o ministério, da mesma maneira que fazia o óleo de unção, em tipo, nos sacerdotes do Antigo Testamento.

O óleo

A característica mais útil do óleo é a luz que ele fornece quando é queimado em uma lamparina. As pessoas que viviam nos tempos bíblicos talvez apreciassem mais o fato porque o óleo era a principal fonte de iluminação exceto o sol. Essa luz simboliza o poder do Espírito Santo para esclarecer a verdade para nós. Jesus ensinou a parábola das virgens prudentes que pegaram bastante óleo para suas lâmpadas e as virgens insensatas que não fizeram isso. As virgens insensatas estavam longe comprando mais óleo quando o noivo chegou (Mateus 25:1-13). Sem o óleo do Espírito, em abundância em nossa vida, não estaremos preparados quando o noivo vier. Temos de "comprar a verdade e não abrir mão dela" (Provérbios 23:23), permitindo que o Espírito Santo nos ensine todas as coisas de modo a estarmos preparados para a vinda do Senhor.

Jesus disse: "Eu sou a luz do mundo" (João 8:12). O Espírito Santo enchia-o, e ele caminhava nas trevas deste mundo. A seguir, ele declarou a seus discípulos: "Vocês são a luz do mundo" (Mateus 5:14). Apenas quando o Espírito Santo enche nossa vida, temos a verdade iluminada para nós. Então, conseguimos nos tornar luz para a mente obscurecida dos homens que não conhecem a Deus.

O fogo

Muitas vezes as Escrituras referem-se ao fogo para tipificar a presença de Deus. Quando os filhos de Israel estavam no deserto, a presença do Senhor estava com eles em uma nuvem, durante o dia, e em uma coluna de fogo, à noite (Êxodo 13:21). Mais tarde na história, Deus declarou por intermédio de seu profeta Malaquias que a vinda do Senhor era como um fogo refinador (Malaquias 3:2). João Batista pregou isto:

> Depois de mim vem alguém mais poderoso do que eu, tanto que não sou digno nem de levar as suas sandálias. Ele os batizará com o Espírito Santo e com fogo. Ele traz a pá em sua mão e limpará sua eira, juntando seu trigo no celeiro, mas queimará a palha com fogo que nunca se apaga.
>
> —Mateus 3:11,12

Por que o fogo? Às vezes tememos o fogo, pois já vimos a devastação que ele pode causar quando está fora de controle. O fogo tem o poder de destruir. Mas essa não é a razão pela qual Deus usa o fogo para representar o Espírito Santo. A obra do Espírito Santo é redentora, não destrutiva. O fogo, sob controle, é um elemento ines-

O PODEROSO ESPÍRITO SANTO

timável que fornece calor e luz; limpa e purifica qualquer coisa que toca. As Escrituras ensinam que "Deus é fogo consumidor" (Hebreus 12:29). Sua santidade é a essência desse fogo.

O fogo de Deus que apareceu no cenário quando ele estabeleceu sua aliança com Abraão, mostrava a aprovação de Deus para a adoração do patriarca (Gênesis 15:17). Quando Elias chamou o fogo do céu no monte Carmelo, o fogo consumiu o sacrifício e provou aos adoradores de Baal que o Senhor era o verdadeiro Deus (1Reis 18:17-40). Quando elevamos nosso coração em adoração, precisamos perceber que estamos na presença de um Deus santo cujo fogo pode consumir o pecado em nossa vida. No entanto, não deveria haver temor da destruição desse fogo divino — apenas uma reação impressionante na presença de um Deus santo.

Como nossa vida é purificada pelo fogo, também nossa obra será testada com o fogo. Tudo que não é de valor eterno será queimado. Não precisamos de uma fogueira para testar nossas obras e queimar tudo que é madeira, palha e restolho. A própria presença de Deus, o Fogo consumidor diante de quem prestaremos contas das obras feitas, consumirá tudo que for obra da carne e dos nossos projetos carnais. Paulo declarou: "Sua obra será mostrada, porque o Dia a trará à luz; pois será revelada pelo fogo, que provará a qualidade da obra de cada um" (1Coríntios 3:13). Nossa motivação, fidelidade e atitudes serão expostas à luz do fogo de sua santidade.

O fogo de Deus é um lugar de segurança e confiança para o cristão; ele nos salva da decepção e impureza. É ali

OS SÍMBOLOS REVELAM O CARÁTER DO ESPÍRITO SANTO

que desfrutamos a luz em meio às trevas. Caminhar no fogo resulta em perdão, saúde e estabilidade. Os cristãos, como templos do Espírito Santo, precisam ser continuamente purificados, perdoados e feitos inteiros. O Espírito Santo vem como fogo para purificar nosso templo e nos tornar santos como ele é santo.

A chuva

As Escrituras referem-se ao derramamento do Espírito Santo como a primeira e a última chuva. "Conheçamos o SENHOR; esforcemo-nos por conhecê-lo. Tão certo como nasce o sol, ele aparecerá; virá para nós como as chuvas de inverno, como as chuvas de primavera que regam a terra" (Oseias 6:3). Para um fazendeiro, as últimas chuvas são tão importantes quanto as primeiras para o amadurecimento da safra. Deus, como um agricultor fiel, protege sua colheita: "Portanto, irmãos, sejam pacientes até a vinda do Senhor. Vejam como o agricultor aguarda que a terra produza a preciosa colheita e como espera com paciência até virem as chuvas do outono e da primavera" (Tiago 5:7). Deus não está construindo sua igreja em um dia. Ele está trabalhando, pacientemente, por intermédio do Espírito Santo até amadurecermos para nos tornarmos uma gloriosa igreja sem mácula nem truque. A chuva doadora de vida que tipifica o movimento do Espírito Santo é vital para esse crescimento.

A chuva fala da abundância do suprimento do Espírito. A última chuva traz abundância da presença de Deus. "Seja ele como chuva sobre uma lavoura ceifada, como aguaceiros que regam a terra. Floresçam os justos nos dias do rei, e haja grande prosperidade enquanto durar a lua" (Salmos 72:6,7). Vivemos em antecipação da vinda do Espírito Santo para nosso coração e para sua igreja como chuva doadora de vida.

O sopro (ar)

A palavra para *espírito* no grego é *pneuma*. Significa "sopro". O sopro é o elemento que descreve a exclusividade do Espírito Santo. O Espírito Santo, na experiência do novo nascimento, sopra a vida de Deus em nosso espírito, fazendo-nos viver para Deus. Assim, esse sopro doador de vida pertence apenas àqueles que nasceram de novo. Deus enviou o Espírito Santo para a igreja, não para o mundo. Ele condena o mundo por pecar, mas veio para a igreja a fim de revelar Cristo a ela e para prepará-la a viver com o Pai.

A diferença entre o homem que tem apenas vida imortal e aquele que tem tanto vida imortal quanto o espírito vivificado é o destino deles: o primeiro viverá para sempre sem Deus; o segundo viverá para sempre na presença de Deus. O sopro do Espírito Santo dá vida a nosso espírito quando nascemos de novo pelo Espírito Santo. Quando aceitamos o sacrifício do sangue de Jesus pelo perdão dos nossos pecados, ele implanta sua semente (a Palavra) em nosso espírito e sopra sua vida em nós, e nos tornamos filhos de Deus com vida eterna. Cristo é vida eterna. Se temos Cristo vivendo em nós, temos vida. Sem Cristo, não temos vida. Não podemos viver em Deus sem o sopro do Espírito Santo vivificando nosso espírito.

O vento

Há circunstâncias no Antigo e também no Novo Testamento em que o vento tipifica o movimento do Espírito Santo. Quando Ezequiel se viu no vale de ossos secos, Deus lhe disse para profetizar ao vento e dizer: "Venha desde os quatro ventos, ó espírito, e sopre dentro desses mortos, para que vivam" (Ezequiel 37:9). Quando o sopro entra neles, eles vivem e se levantam como um grande exército. A imagem do vento que traz vida aos ossos mortos é um tipo do Espírito Santo que tem poder para criar vida em nós. Quando Jesus explicou a salvação para Nicodemos, ele disse: "O vento sopra onde quer" (João 3:8). Jesus disse-lhe que ouvimos o som do vento, mas não sabemos de onde vem nem para onde vai (v. 8). Ele usou a comparação com o vento para descrever o movimento do Espírito Santo.

No dia de Pentecostes, o Espírito Santo desceu "do céu um som, como de um vento muito forte, e encheu toda a casa na qual estavam assentados" (Atos 2:2). O Espírito Santo não é vento, mas sua vinda foi tão poderosa e espantosa que soou como um vento muito forte para os discípulos. Essa é a única descrição apresentada na Escritura da vinda do Espírito Santo no dia de Pentecostes. A vida dos discípulos foi transformada quando eles experimentaram o poder onipotente de Deus na terceira Pessoa da Trindade, vindo para eles como um vento muito forte.

O rio de Deus

Jesus declarou: "'Quem crer em mim, como diz a Escritura, do seu interior fluirão rios de água viva'. Ele estava se referindo ao Espírito, que mais tarde receberiam os que nele cressem" (João 7:38,39). Jesus referiu-se aqui ao rio como um tipo para descrever a força doadora de vida do Espírito Santo. O rio é uma fonte de água que sustenta a vida com abundância. O salmista descreveu a vida de um homem piedoso como a "árvore plantada à beira de águas correntes: Dá fruto no tempo certo e suas folhas não murcham. Tudo o que ele faz prospera" (Salmos 1:3). Essa bela comparação da vida frutífera do justo simboliza o poder do Espírito Santo como um rio que traz continuamente vida abundante para os cristãos. Quando o rio de Deus flui livremente em nossa vida, produzimos fruto para o Reino e tudo que fazemos prospera.

O orvalho
O orvalho é aquela umidade fresca tão bem-vinda depois do calor do sol desaparecer. Essas gotinhas acomodam--se em paz sobre a terra e a enchem de deleite. O orvalho cai à noite quando toda a criação está descansando e os elementos naturais estão em paz. Ele representa o repouso concedido pelo Espírito santo no Reino de Deus. Quando Deus proveu Israel com o maná diário no deserto, ele caía com o orvalho sobre o campo durante a noite (Números 11:9). Jesus referiu-se a esse maná quando referiu-se a si mesmo como o pão da vida (João 6:32-35). Nesse tipo, o maná representava Jesus. O orvalho que caía com o maná simbolizava a presença do Espírito Santo. Ele sempre estará presente onde Jesus estiver.

Jó descreveu essa condição de repouso quando escreveu: "Minhas raízes chegarão até as águas, e o orvalho passará a noite nos meus ramos. Minha glória se renovará em mim, e novo será o meu arco em minha mão" (Jó 29:19,20). O profeta Isaías predisse o desejo do Espírito Santo de nos dar descanso: "Pois bem, com lábios trôpegos e língua estranha Deus falará a este povo, ao qual dissera: 'Este é o lugar de descanso. Deixem descansar o exausto. Este é o lugar de repouso!' Mas eles não quiseram ouvir" (Isaías 28:11,12).

O Espírito Santo promete o bem-vindo descanso não só para o cristão individual, mas também para o corpo de Cristo. O salmista declarou: "Como é bom e agradável quando os irmãos convivem em união! [...] É como o orvalho do Hermom quando desce sobre os montes de Sião. Ali o Senhor concede a bênção da vida para sempre" (Salmos 133:1,3). Só o Espírito Santo pode unir os homens no corpo de Cristo. A unidade é como o orvalho do céu, cheio de prazer e refrigério. É na unidade que o Senhor comanda a bênção, a vida eterna do Espírito.

A água

A água é com frequência como um emblema do Espírito Santo nas Escrituras, como vimos em nosso estudo do simbolismo da chuva, do orvalho e do rio de Deus. A água é mais necessária que o alimento para a vida do homem. Conseguimos sobreviver sem alimento por um período consideravelmente mais longo do que sobrevivemos sem água. A falta de água reduz a vida a um deserto árido, uma terra sem esperança de fertilidade. O propósito de Deus é fertilidade para todos os que recebem o Espírito de Deus. Quando a água simboliza o

Espírito Santo, a imagem é sempre de abundância, como rios, nascentes e poços que nunca secam.

A água da rocha

Deus deu instruções a Moisés sobre como receber água doadora de vida de uma rocha. "Eu estarei à sua espera no alto da rocha do monte Horebe. Bata na rocha, e dela sairá água para o povo beber". Assim fez Moisés, à vista das autoridades de Israel" (Êxodo 17:6). O milagre de receber água de uma rocha tipifica belamente para nós o poder do Espírito Santo, fluindo de Cristo, a nossa Rocha, quando Cristo nos o concedeu como água viva

As fontes de água

Quando o salmista clamou: "Todas as minhas fontes *estão* em ti" (Salmos 87:7, ARC), ele reconheceu Deus como a única fonte da vida. As fontes de água descrevem o próprio início da fonte da vida. As fontes das montanhas alimentam os maiores rios em suas nascentes; os lugares onde a chuva e a neve começam sua longa jornada para o mar. A história da filha de Calebe no Antigo Testamento ilustra a importância das fontes de água. Quando a filha de Calebe pediu ao pai uma bênção, ela disse: "Já que me deu terras no Neguebe, dê-me também fontes de água" (Josué 15:19). Ela conhecia o valor doador de vida das fontes de água. Seu pai concedeu seu pedido. Nosso Pai também concederá o nosso quando pedirmos para o poder do Espírito Santo ser nossa fonte de vida.

Não ousemos olhar para qualquer outra fonte de vida, como o povo de Deus fez ao longo da história. Jeremias

OS SÍMBOLOS REVELAM O CARÁTER DO ESPÍRITO SANTO

expressou o lamento de Deus de que "meu povo cometeu dois crimes: eles me abandonaram, a mim, a fonte de água viva; e cavaram as suas próprias cisternas, cisternas rachadas que não retêm água" (Jeremias 2:13). Procurar vida em qualquer outra fonte que não seja Deus é como moldar copos de argila trincados, que não retêm água refrescante e doadora e vida para nós.

Os poços de salvação

Os poços de salvação correspondem aos rios de água viva que Jesus disse que fluiriam do âmago de nosso ser, como disse Jesus disse à mulher ao lado do poço: "Jesus respondeu: "Mas quem beber da água que eu lhe der nunca mais terá sede. Ao contrário, a água que eu lhe der se tornará nele uma fonte de água a jorrar para a vida eterna" (João 4:14). O Espírito Santo, como o poço, tem um suprimento ilimitado de vida. O profeta Isaías tinha essa revelação quando declarou: "'Deus é a minha salvação; terei confiança e não temerei. O SENHOR, sim, o SENHOR é a minha força e o meu cântico; ele é a minha salvação!' Com alegria vocês tirarão água das fontes da salvação" (Isaías 12:2,3).

O vale de Baca

O vale de Baca representa um lugar de dificuldades e lágrimas. Provavelmente, não pensamos nesse vale como um lugar de bênção. As Escrituras, no entanto, ensinam:

Como são felizes os que em ti
encontram sua força,

e os que são peregrinos de coração!
Ao passarem pelo vale de Baca,
fazem dele um lugar de fontes;
as chuvas de outono
também o enchem de cisternas.
Prosseguem o caminho de força em força,
até que cada um se apresente a Deus em Sião.

—Salmos 84:5-7

À medida que atravessamos as dificuldades, firmes no poder do Espírito Santo, ele transforma esses problemas em um poço de força doadora de vida para nós. Também podemos traduzir a palavra hebraica para *poço* como "um lugar de fontes." Até mesmo nossas situações mais difíceis podem se tornar uma fonte de vida para nós quando descobrimos como permanecer em Cristo, durante nosso sofrimento, tirando força do Espírito e experimentando sua proteção. A dor e o sofrimento não ameaçam a vida de Cristo. Ao contrário, elas se tornam caminhos para novas fontes de conforto e força quando invocamos o Espírito Santo em tempos de aflição. Aprendemos a ir de força em força.

A vestimenta

Quando as Escrituras se referem ao Espírito vestindo indivíduos, elas estão descrevendo o poder do Espírito Santo para equipar. Quando Deus, por exemplo, escolheu usar Gideão com libertador do seu povo, lemos: "Então o Espírito do Senhor apoderou-se de Gideão, e ele, com toque de trombeta, convocou os abiezritas para segui-lo" (Juízes 6:34). Esse versículo pode ser traduzido como: "Mas o Espírito do Senhor vestiu Gideão." Deus equipou Gideão para a tarefa que lhe deu quando o Espírito do Senhor se apoderou dele.

Jesus disse aos discípulos ficarem em Jerusalém até que fossem revestidos do poder do alto na vinda do Espírito Santo (Lucas 24:49). A palavra *revestidos* também pode ser traduzida por "vestidos". O Espírito Santo vestiu os discípulos para se tornarem testemunhas para o evangelho no mundo todo. Eles foram equipados pelo Espírito para cumprir a vontade de Deus.

O penhor

A palavra *penhor* no grego refere-se ao pagamento inicial que garante ao beneficiário o pagamento integral. No grego moderno, ela significa anel de compromisso, o sinal do casamento futuro do amado com sua noiva em potencial! Paulo escreveu para os efésios: "Vocês foram selados em Cristo com o Espírito Santo da promessa, que é a garantia da nossa herança até a redenção" (Efésios 1:13,14). Não recebemos ainda a plenitude da nossa herança, mas Deus nos deu o Espírito Santo como uma amostra de como será a vida quando formos totalmente redimidos. Ele é o pagamento inicial da nossa herança em Cristo.

Uma criança entrou sem ser vista na cozinha da mãe enquanto ela misturava a massa deliciosa de um bolo caseiro e meteu os dedos na massa, lambendo-os em seguida. Enquanto saía correndo pela porta, perguntou quando o bolo ficaria pronto. Ter o Espírito Santo é

O PODEROSO ESPÍRITO SANTO

como o gosto maravilhoso da massa nos nossos dedos; é experimentar o bolo antes de ele ficar pronto. Quando o Espírito Santo nos traz à presença de Cristo, ele nos dá um antegosto de como é ser recebido como a noiva de Cristo e desfrutar o amor e a comunhão eternos com ele.

Quando Paulo descreve um povo de Deus que foi "sela[o [...] com o Espírito Santo da promessa" (Efésios 1:13), ele está falando da obra do Espírito Santo de produzir um sinal de identificação, de propriedade, a marca de uma gloriosa obra interior, em seu povo. O Espírito Santo rotula-os como propriedade exclusiva de Deus. Uma obra sobrenatural muda esses indivíduos para sempre. Eles não são mais pessoas comuns; não são mais deste mundo. Puseram seus afetos nas coisas do alto, não nas coisas desta terra (Colossenses 3:2). Eles não estão tão absorvidos, nem interessados, tampouco participam dos eventos deste mundo. Não ficam abalados quando surge qualquer palavra de condenação e tristeza. Não fazem mais parte de uma congregação dura e indiferente. Eles sabem que não há nada pior que estar em uma igreja na qual Deus costumava estar ou não saber o propósito pelo qual eles foram colocados na terra. O coração deles clama: "Ainda assim, venha logo, Senhor Jesus."

Talvez você pergunte: "O que será que aconteceu para transformá-los? O que será que o Espírito Santo fez nesses cristãos? O que os marcou e selou para sempre como posse do Senhor?" Foi simplesmente isto: o Espírito Santo deu a eles um antegosto da glória de sua presença. Ele veio a eles, abriu-lhes os olhos espirituais, rasgou o véu da carne e permitiu que experimentassem uma manifes-

OS SÍMBOLOS REVELAM O CARÁTER DO ESPÍRITO SANTO

tação sobrenatural de sua imensa grandiosidade. Esse não será o motivo de a casa de Deus ser um lugar de oração, pureza e poder? Não será isso que o salmista diz quando pergunta: "Quem poderá subir o monte do Senhor? Quem poderá entrar no seu Santo Lugar? Aquele que tem as mãos limpas e o coração puro" (Salmos 24:3-4). Por isso, não devemos permitir que nada em nossa vida impeça a obra do Espírito Santo. Precisamos que o Espírito de Deus afaste o véu da nossa carne e nos dê um antegosto da nossa herança, um sinal ou penhor do que, um dia, receberemos por completo.

Deus está selando seu povo para seus propósitos em nossa época. Podemos ir agora a reuniões em que Jesus se apresenta tão real que experimentamos um bocadinho do céu em nossa alma. Saímos dali com a sensação de realidade eterna, de que uma obra está sendo realizada em nosso interior para sempre. Sentimos que não somos desafiados apenas por um sermão, mas pela própria imagem do Espírito. Deus pôs um fogo santo em nossa alma, portanto não tememos mais o inimigo — o mundo, a carne e o demônio. Há a segurança de sabermos que recebemos um toque sobrenatural de Deus e saímos desse culto dizendo. "Não sou eu, mas o Espírito de Deus operando em meu interior."

Talvez você tenha ouvido dizer que Deus nos permite experimentar um pouco do céu para irmos para o céu. Costumava especular o que isso significava, agora entendo que ele estimula nosso apetite ao nos deixar ver a glória de seu Reino. Temos uma amostra de sua santidade, amor, descanso e paz. Então, não mais desejamos este mundo porque provamos algo muito melhor. Agora, ansiamos pela plenitude — ou, se preferir, pelo bolo. O Espírito Santo é o penhor dessa plenitude.

Sumário

Esses símbolos em conjunto fornecem um belo e reconfortante retrato do Espírito Santo que não é um símbolo, mas a terceira Pessoa da Trindade, e como tal, é uma Pessoa divina, por isso tão desejável. No entanto, as qualidades doadoras de vida desses símbolos nos revelam, de modo acurado, muitas características dessa bela terceira Pessoa da Trindade, e também seu caráter amável e grande poder para redimir os filhos dos homens. Esses símbolos nos mostram seu grande desejo de conceder vida abundante a todos que o recebem.

4

O poder sétuplo do Espírito Santo:

A onipotência de Deus revelada

Para definirmos *onipotência divina* em termos humanos, precisamos do poder do Espírito Santo e defini-la dessa forma, não é tarefa simples. Há sete palavras gregas usadas em todo o Novo Testamento que descrevem diferentes aspectos ou manifestações do poder de Deus. O entendimento desses termos nos ajuda a compreender o poder transcendente e a capacidade do Espírito Santo para transformar toda vida e situação que ele toca e para cumprir os mais altos propósitos de Deus na terra. Estudar o poder de Deus inspira maravilhamento e temor em nosso coração e nos faz inclinar em adoração diante dele. Como podemos compreender a grandiosidade do Deus que deseja, tão ardentemente, relacionar-se com o homem e, para isso usa todo seu poder divino para nos redimir e levar de volta a ele? Tal amor divino é o que o

Espírito Santo veio revelar para nós enquanto trabalha para nos transformar na imagem de Cristo. As Escrituras revelam muitos atos do poder impressionante de Deus. Primeiro, vislumbramos seu poder onipotente na criação do universo. O poder do Espírito Santo na criação produziu algo do nada por meio da Palavra de Deus. As Escrituras nos ensinam que a humanidade consegue reconhecer Deus simplesmente ao contemplar as impressionantes maravilhas de sua criação (Romanos 1:19-20). Outra manifestação do poder do Espírito Santo está em sua força e poder militares, o tipo que esperamos ver em um exército. Os exércitos do céu são revestidos com esse tipo de poder. Quando Josué estava se preparando para levar os filhos de Israel rumo à terra prometida, Deus apareceu para ele como um guerreiro poderoso. Josué não o reconheceu de início, e perguntou: "Estando Josué já perto de Jericó, olhou para cima e viu um homem em pé, empunhando uma espada. Aproximou-se dele e perguntou-lhe: 'Você é por nós, ou por nossos inimigos?'" (Josué 5:13). A resposta veio: "'Nem uma coisa nem outra', respondeu ele. 'Venho na qualidade de comandante do exército do SENHOR.' Então Josué prostrou-se com o rosto em terra" (Josué 5:14). Esse poder militar divino deu a vitória aos israelitas sobre os gigantes da Terra.

O poder da ressurreição do Espírito Santo é o mesmo que levantou Cristo da morte. Portanto, o poder da ressurreição é maior que o da morte. Cristo conquistou a morte, o inferno e o sepulcro por meio da ressurreição do Espírito Santo. Paulo escreveu a respeito desse poder:

"E, se o Espírito daquele que ressuscitou Jesus dentre os mortos habita em vocês, aquele que ressuscitou a Cristo dentre os mortos também dará vida a seus corpos mortais, por meio do seu Espírito, que habita em vocês" (Romanos 8:11). E esse poder da ressurreição é que nos dá a vitória derradeira sobre a morte.

O Espírito Santo também é essa força dinâmica que equipa uma pessoa para o serviço e torna o cristão eficaz na destruição das forças sobrenaturais das trevas por meio de obras milagrosas e maravilhosas. O poder do Espírito Santo também traz e uma força moral que eleva e também acalma a alma individual ou uma sociedade que caminha segundo a piedade. O Espírito Santo é o poder de Cristo, visivelmente operativo, em uma igreja reunida que tem Cristo como seu cabeça. Esse poder real de Deus é penetrante e age com conhecimento divino na mente dos homens em variada sabedoria, revelando Jesus àqueles que creem. O poder do Espírito Santo se move, trazendo cura para o doente, bem como operação de milagres. Ele é o poder divino de Deus capaz "de fazer infinitamente mais do que tudo o que pedimos ou pensamos, de acordo com o seu poder que atua em nós" (Efésios 3:20).

Após declarar tudo isso, ainda precisamos reconhecer nossa limitação finita em descrever o poder onipotente do Deus vivo. Será que o conhecemos de fato? Há aqueles que atribuem só um ou dois desses aspectos de poder ao Espírito Santo. Talvez eles achem que ele veio para lhes dar o dom de línguas ou libertá-los da opressão demoníaca. Esses aspectos, embora façam parte do poder do Espírito, não representam sua pessoa de forma abrangente. Não ousemos limitar nosso entendimento de sua obra a uma ou duas manifestações de seu poder. Caso façamos isso, o que acontecerá quando descobrirmos que precisamos de Alguém para mudar nossa natureza adâmica pecaminosa que gera raiva, malícia e ciúme? Quem transformará nossa mente para que possamos pensar como Cristo? Quem transformará nossa fraqueza moral em força para amar a Deus e servi-lo? Precisamos conhecer o Espírito Santo em todo o poder onipotente de sua Pessoa e permitir que seu poder divino opere em nós e por nosso intermédio para que sua vontade e propósito completos sejam realizados.

1. Arché

A palavra grega *arché* descreve o poder divino que cria do nada. É esse poder que produz algo de si mesmo como a fonte ou o princípio. Reconhecemos, na raiz da palavra *arché*, o termo inglês *arc,* com o sentido de uma descarga elétrica entre dois pontos que define uma fonte natural de poder. Esse "arco elétrico", o ponto de ignição para o maquinário do homem, fornece-nos uma imagem exata desse poder divino criativo do Espírito Santo.

Na Criação

O poder criativo de Deus pôs o universo em movimento com sua Palavra. "No princípio era aquele que é a Palavra. Ele estava com Deus, e era Deus [...]. Todas as coisas foram feitas por intermédio dele; sem ele, nada do que existe teria sido feito" (João 1:1,3). Quando Deus criou o mundo, ele simplesmente falou e tudo veio à existência por intermédio de seu poder divino. "E o Espírito de Deus se movia sobre a face das águas. Disse Deus: 'Haja luz', e houve luz" (Gênesis 1:2,3). É esse poder onipotente de criar um "princípio" que a mente do homem não consegue compreender, pois é incapaz de criar nesse sentido. As Escrituras nos ensinam que "pela fé entendemos que o universo foi formado pela palavra de Deus, de modo que aquilo que se vê não foi feito do que é visível" (Hebreus 11:3). Só por meio da fé conseguimos apreender a grandiosidade do poder criativo de Deus. Lemos, mais uma vez, a respeito do princípio da Criação: "No princípio [*archē*], Senhor, firmaste os fundamentos da terra, e os céus são obras das tuas mãos" (Hebreus 1:10). Como seres criados, somos o resultado desse poder *archē* de Deus que iniciou a vida como a conhecemos.

A encarnação

A encarnação do Filho de Deus tambem é um exemplo desse poder criativo residente no Espírito Santo. Nas Escrituras, o anjo disse a Maria que "o poder do Altíssimo a cobrirá com a sua sombra" e "o Espírito Santo virá sobre você" (Lucas 1:35). As duas declarações são expressões sinônimas (Mateus 1:18-20; Isaías 7:14; Lucas 1:35). Uma delas descreve a fonte divina; e a outra, sua santidade. A impecabilidade de Jesus não se deve à impecabilidade de sua mãe, mas à origem divina de sua natureza humana, o Espírito de Deus (Hebreus 10:5).[1] E "a Palavra tornou-se carne e viveu entre nós" (João 1:14). O poder *archē* do Espírito Santo tornou possível a encarnação de Cristo — Deus tornando-se homem.

A nova criação

João, a respeito do início da nossa vida cristã, declara: "Quanto a vocês, cuidem para que aquilo que ouviram desde o princípio [*archē*] permaneça em vocês [...] [e] vocês também permanecerão no Filho e no Pai" (1João 2:24). O poder *archē* do Espírito Santo é como a chave que aciona a ignição; ele põe o homem em contato com Deus. O Espírito inicia a boa obra em nós por meio de seu poder divino e, depois, continua para aperfeiçoar essa obra em nossa vida. Pedro declarou que nascemos de novo "não de uma semente perecível, mas imperecível, por meio da palavra de Deus, viva e permanente" (1Pedro 1:23). Cristo vem, literalmente, viver em nós por meio de sua vida incorruptível quando nascemos de novo. O apóstolo Paulo ensinou: "Portanto, se alguém está em Cristo, é nova criação. As coisas antigas já passaram; eis que surgiram coisas novas" (2Coríntios 5:17). Aceitar Jesus como nosso Salvador aciona o poder *archē* de Deus em nosso espírito, que cria vida eterna. A maneira como o poder criativo de Deus entra na vida do cristão, "Cristo em vocês, a esperança da glória" passa a ser uma realidade viva (Colossenses 1:27).

Na oração

Acredito que o Espírito Santo quer que nossa vida toque a presença de Deus o tempo todo. Quando vamos ao lugar de oração, precisamos desse poder *archē* para acionar a fé em nosso coração e levar nossos pensamentos e desejos à presença de Deus. Toda oração eficaz tem o poder divino de Deus como sua fonte. Quando nos rendemos aprendemos ao Espírito Santo para inspirar nossa vida de oração, percebemos muito mais eficácia nas respostas recebidas para nossas orações. O poder criativo da palavra falada em nossos lábios, quanto ativada pelo poder do Espírito Santo, produz resultados sobrenaturais. É por intermédio desse tipo de oração que Deus realiza sua vontade.

2. *Exousia*

Exousia, outra palavra grega traduzida como "poder", indica particularmente a capacidade de decidir e realizar uma ação sem impedimento. *Exousia* é a autoridade decisiva de Deus. Essa palavra é usada em geral com *arché*, o poder que ativa a *exousia*. O termo *exousia*, por conotação, reflete o poder e o direito de influenciar e impor o tipo de direito exercido pelas autoridades governamentais. Descreve a autoridade e também a capacidade divina de desempenhar uma tarefa. Nada acontece, nem mesmo neste mundo caído, sem a operação da *exousia*, a autoridade divina de Deus.

Quando os escribas perguntaram a Jesus que direito ele tinha para perdoar os pecados, Jesus respondeu: "Que é mais fácil dizer ao paralítico: Os seus pecados estão perdoados, ou: Levante-se, pegue a sua maca e ande? Mas, para que vocês saibam que o Filho do homem tem na terra autoridade [*exousia*] para perdoar pecados" — disse ao paralítico" (Marcos 2:9,10). A autoridade e jurisdição para perdoar faziam parte do poder de Deus manifestado em Jesus na terra. Os escribas sabiam que Deus tinha poder para perdoar pecados. Mas eles, em vez de concluir que Jesus era o Filho de Deus porque demonstrara o poder para perdoar pecados, chamaram-no de blasfemador. Eles, ao negar o poder da *exousia* de Deus, revelaram um coração ímpio de descrença que não podia entrar no Reino de Deus.

É esse aspecto decisivo do poder da *exousia* que nos capacita a entrar no Reino de Deus. "Contudo, aos que o receberam, aos que creram em seu nome, deu-lhes o direito de se tornarem filhos de Deus" (João 1:12). Não nos tornamos filhos de Deus sem primerio receber o poder para fazer isso. É o poder do Espírito Santo que convence os homens do pecado (João 16:8) e os faz confessar Jesus como Senhor (1Coríntios 12:3). A palavra *condena* significa "processo cognitivo, por exemplo, para reprovar, refutar ou convencer." Também significa um processo moral além da atividade mental, uma conquista moral da nossa mente e atos. O Espírito Santo dota a vida do cristão do início ao fim com caráter moral. Vivemos a vida exemplificada por Cristo por meio da capacitação do Espírito. Por isso, a vida cristã é inerente e essencialmente sobrenatural. Somos livres para aceitar ou rejeitar esse poder da *exousia* sobrenatural para nossa vida. Se o rejeitarmos, não conseguimos conhecer a Deus, pois é esse poder que nos dá a capacidade para conhecê-lo. Tudo que temos recebemos de Deus, que nos oferece sua *exousia* para que possamos nos tornar seus filhos.

Após nos tornarmos filhos de Deus, começamos a perceber nossa necessidade de comunhão com os outros cristãos. Deus ordenou a existência de um corpo de cristãos conhecida como a *igreja* para refletir a vida de

A ONIPOTÊNCIA DE DEUS REVELADA

Cristo na Terra. "E ele designou alguns para apóstolos, outros para profetas, outros para evangelistas, e outros para pastores e mestres, com o fim de preparar os santos para a obra do ministério, para que o corpo de Cristo seja edificado" (Efésios 4:11,12). O Espírito Santo, quando concede esses ministérios, capacita essas pessoas por meio da *exousia* divina a guiar outros no crescimento em Deus. Paulo declarou aos Coríntios: "Pois mesmo que eu tenha me orgulhado um pouco mais da autoridade [*exousia*] que o Senhor nos deu, não me envergonho disso, pois essa autoridade é para edificá-los, e não para destruí-los" (2Coríntios 10:8). Deus concedeu a Paulo sua autoridade e habilidade para edificar a igreja. Graças a Deus pela capacitação divina concedida a nós para nos tornarmos uma igreja gloriosa, transformada na imagem de seu Filho.

3. Ischus

O termo *ischus* expressa a força impetuosa, destemida e todo-poderosa do poder divino com sua capacidade de penetrar a oposição. A força militar demonstra esse tipo de poder. Podemos denominar isso de "sopro intimidante." O livro de Atos dos Apóstolos refere-se à força da Palavra de Deus pregada como poder *ischus*: "Dessa maneira a palavra do Senhor muito se difundia e se fortalecia" (Atos 19:20). Foi esse poder sobrenatural da Palavra pregada que convenceu milhares de pessoas a se voltarem para Cristo a fim de receber perdão de seus pecados. Mais tarde, o apóstolo João declarou: "Filhinhos, eu lhes escrevi porque vocês conhecem o Pai. Pais, eu lhes escrevi porque vocês conhecem aquele que é desde o princípio. Jovens, eu lhes escrevi, porque vocês são fortes [*ischus*], e em vocês a Palavra de Deus permanece e vocês venceram o Maligno" (1João 2:14). O sentido de *poder* nesse texto é "força divina para conquistar os inimigos sobrenaturais." Jesus admoestou os discípulos a pedir essa força poderosa para que não fossem subjugados na aproximação de desastres do fim dos tempos e para que conseguissem permanecer firmes diante do Filho do homem (Lucas 21:36). O *ischus* do poder de Deus os libertaria e os levaria ao objetivo deles.

4. Didōmi

O significado da raiz da palavra grega *didōmi* é traduzida como "o poder para conceder." Esse poder *didōmi*, referente a Deus entregar Jesus para este mundo, revela o caráter realista do amor como um dom, não apenas como uma disposição. Existe o poder da ação, não apenas do sentimento, em amor. O amor de Deus deu a Jesus obras específicas para realizar enquanto esteve na terra. Foi o amor de Deus alcançando o homem que curou o doente, alimentou o faminto e ressuscitou os mortos. Seu amor compeliu-o a dar vida àqueles que a pediram e, no fim, renunciar a sua própria vida para que ele tivesse muitos irmãos.

Jesus declarou: "Todo aquele que o Pai me der virá a mim, e quem vier a mim eu jamais rejeitarei" (João 6:37). Não foi a força da personalidade de Jesus nem os benefícios monetários que atraíram seus discípulos para ele. Foi o poder sobrenatural de Deus que deu esses discípulos a Jesus. Embora muitos deles tenham se afastado quando

Jesus declarou ser o pão da vida, ainda houve aqueles que receberam o poder de Deus ao escolher segui-lo.

Quando Jesus perguntou a seus discípulos se eles também se afastariam, Pedro declarou: "Senhor, para quem iremos? Tu tens as palavras de vida eterna" (João 6:68). Eles receberam o poder *didōmi* de Deus que os fez dar a própria vida para seguir a Jesus. O Mestre orou: "Eu revelei teu nome àqueles que do mundo me deste. Eles eram teus; tu os deste a mim, e eles têm obedecido à tua palavra" (João 17:6). Jesus, aqui, reconheceu claramente que foi o amor de Deus que deu aos homens o poder para se tornarem seus discípulos.

A morte de Jesus revela o poder supremo desse amor "doador" que estava disponível e foi capaz de sofrer o sacrifício supremo para a salvação da humanidade. A morte de Jesus prova a ousadia de convicção e coragem, o poder inerente ao amor divino, poder esse determinado a vencer e a conquistar. Alguns falam do amor de Deus como "amor vigoroso", descrevendo a fibra da determinação e do anseio que caracteriza seu amor. Ele não negará o objeto de seus afetos a despeito daqueles que o negam. Contudo, seu grande amor busca o homem como o "xerife dos céus", desejando tirar a atenção do homem de seu curso destrutivo do pecado e voltar seus caminhos em direção à vida eterna.

O poder *didōmi*, entre os judeus, era a palavra usada com frequência para se referir à morte de mártires, pessoas forçadas a ter uma morte atormentadora se não abjurassem sua fé em Cristo. Eles possuíam um poder sobrenatural para renunciar à vida pelo que acreditavam. É esse poder *didōmi* de Deus que nos ajuda a superar nossa timidez e medos em face de homens e demônios e compartilhar, ousada e corajosamente, com os outros a vida que ele nos concede. Por meio do poder do Espírito Santo somos compelidos a dar aos outros a vida que recebemos de Deus.

5. *Megaleiotēs*

Megaleiotēs é a palavra grega para poder que se refere à magnificência e majestade de Deus conforme visto na transfiguração de Cristo. Pedro registrou para nós a majestade desse evento.

De fato, não seguimos fábulas engenhosamente inventadas, quando lhes falamos a respeito do poder e da vinda de nosso Senhor Jesus Cristo; ao contrário, nós fomos testemunhas oculares da sua majestade. Ele recebeu honra e glória da parte de Deus Pai, quando da suprema glória lhe foi dirigida a voz que disse: 'Este é o meu filho amado, de quem me agrado'. Nós mesmos ouvimos essa voz vinda dos céus, quando estávamos com ele no monte santo.

—2PEDRO 1:16-18

O poder majestoso de Cristo não pode ser completamente entendido pela mente humana finita. Pedro disse que eles eram testemunhas da majestade dele e descreveu essa experiência para convencer aqueles cristãos da realidade do poder majestoso de Cristo. Jesus, em outro exemplo de poder *megaleiotēs*, expulsou o demônio que os discípulos não conseguiram expulsar. As Escrituras descrevem a reação da multidão: "E todos ficaram atônitos ante a grandeza [*megaleiotēs*] de Deus" (Lucas 9:43). *Megaleiotēs* é esse poder transcendente de Deus que eleva a humanidade de suas situações impossíveis. É uma bela imagem da palavra que descreve o tipo de poder usado para ativar um elevador de carga de uma grande indústria. O elevador de carga é construído para aguentar mais peso que os elevadores usados para transportar apenas pessoas. A carga dele é pesada demais para os elevadores de convidados. Além disso, geralmente, ele fica escondido dos olhos do público. É essa "roldana de poder" do Espírito Santo que consegue levantar um fardo que, do contrário, seria impossível carregar. O próprio Espírito Santo se transforma em nosso "carregador de fardo". Ele nos tira do pecado, do "eu", das nossas circunstâncias negativas e pesarosas e nos assenta nas regiões celestiais com Cristo Jesus (Efésios 2:6).

Você já observou indivíduos passarem por provações difíceis com paz e serenidade? Eles têm paz porque aprenderam a conhecer esse poder transcendente do Espírito Santo, o poder que os eleva acima de suas circunstâncias; aprenderam a deixá-lo carregar a carga pesada demais para a psique humana. Eles se descobrem assentados nas regiões celestiais em Cristo Jesus, carregados para ali pelo poder do Espírito Santo. Seu poder pode transcender toda tragédia humana e nos eleva a um lugar de vida vitoriosa.

6. *Energia*

Energia é a importante palavra grega para o poder que se refere a uma força divina revigorante que opera de modo eficaz e poderoso. As próprias Escrituras possuem esse tipo de poder divino para salvar nossa alma. Tiago nos ensinou: "Aceitem humildemente a palavra implantada em vocês, a qual é poderosa para salvá-los" (Tiago 1:21). Paulo também escreveu a respeito das Escrituras: "Pois a palavra de Deus é viva e eficaz, e mais afiada que qualquer espada de dois gumes; ela penetra até o ponto de dividir alma e espírito, juntas e medulas, e julga os pensamentos e intenções do coração" (Hebreus 4:12). Esse versículo descreve a *energia* divina que penetra nas trevas da nossa alma, como um raio de luz de laser penetra na carne. A Palavra de Deus transpassa nossa mente e emoções, revelando-nos as fraudes e os motivos impuros do nosso coração. Sem o poder revigorante do Espírito Santo, vindo em condenação para tornar a Palavra viva em nosso coração, jamais nos livraríamos da escravidão do pecado.

O Espírito Santo não só revigora nosso arrependimento, mas também nos dá força divina para compartilhar nossa fé com os outros. Paulo orou para Filemom e seus amigos conhecerem esse poder do Espírito Santo: "Oro para que a comunhão que procede da sua fé seja eficaz no pleno conhecimento de todo o bem que temos em Cristo" (Filemom 6). É esse poder revigorante de Deus que "efetua em vocês tanto o querer quanto o realizar, de acordo com a boa vontade dele" (Filipenses 2:13).

Essa *energia* foi o que senti quando Deus, gloriosamente, curou-me e me garantiu muitos anos a mais para pregar a Palavra de Deus. É um poder estimulante, renovador e zeloso que se regozija no espírito de conquista

A ONIPOTÊNCIA DE DEUS REVELADA

do Espírito Santo quando ele nos desperta e vivifica para Deus. Essa energia divina faz com que vivamos como luzes eficazes nas trevas desta geração corrupta (Atos 2:40).

7. Kratos

Nossa última palavra, *kratos* denota o poder superior de Deus ao qual pertence a vitória final. Pedro, em sua doxologia, escreve: "A ele seja o poder para todo o sempre. Amém" (1Pedro 5:11). Esse domínio é o triunfo final que pertence só a Deus. Paulo orou para que os cristãos, a igreja do Senhor, pudessem ser "fortalecidos com todo o poder, de acordo com a força da sua glória, para que tenham toda a perseverança e paciência com alegria" (Colossenses 1:11). Só quando esse poder divino *kratos* nos fortalece sobrenaturalmente, conseguimos finalmente triunfar sobre o mal.

Judas declara: "Ao único Deus, nosso Salvador, sejam glória, majestade, poder e autoridade, mediante Jesus Cristo, nosso Senhor, antes de todos os tempos, agora e para todo o sempre! Amém" (Judas 25). Ele reconhece Deus como o Vitorioso eterno sobre todos os poderes do mal. João, o revelador, resume a eterna relevância desse poder no sacrifício de Cristo quando escreveu:

Depois ouvi todas as criaturas existentes no céu, na terra, debaixo da terra e no mar, e tudo o que neles há, que diziam: "Àquele que está assentado no trono e ao Cordeiro sejam o louvor, a honra, a glória e o poder, para todo o sempre!"

—APOCALIPSE 5:13

O domínio eterno pertence somente a Deus, que triunfa por meio de seu grande poder. Quando nos apropriamos desse poder, está assegurada a vitória final tanto em em nossa vida pessoal como na na igreja.

Resumo

Essa breve consideração do poder séptulo do Espírito Santo revela um poder infinito, universal e eterno, capaz de satisfazer todas as necessidades concebíveis da humanidade. O Espírito Santo cumpre o propósito de Deus de redimir a humanidade pecadora. No entanto, o propósito eterno não é apenas nos levar para o céu, mas tornar possível uma vida vitoriosa na terra. O supremo e último desejo de Deus será realizado em uma Igreja gloriosa sem mácula nem fissura. Descobrimos, como cristãos que aprendem a se entregar para o Espírito Santo e entram em um relacionamento correto com ele, o poder onipotente que ele oferece. Ele nos transforma da imagem do Adão caído na imagem do último Adão, Jesus Cristo, e forma em nós o caráter de Deus — a própria natureza divina — conforme continuamos a exercer nosso livre-arbítrio e escolhemos a vida dele.

Por que não vemos o poder de Deus demonstrado de uma maneira maior na Igreja? Acredito que é porque não estamos disponíveis para ele. Não nos entregamos completamente a Deus, para que seu poder doador de vida possa fluir através de nós para satisfazer nossas necessidades pessoais, bem como a de outras pessoas. Deus, por meio de seu grande poder, é capaz de realizar milagres por meio de nós, mas não nos tornamos disponíveis para ele. Dependemos da nossa própria capacidade para enfrentar as circunstâncias, em vez de cultivar a dependência do poder do Espírito Santo.

Deus demonstrou seu poder quando encheu doze homens com o Espírito Santo e usou-os para virar o mundo de cabeça para baixo — sem a ajuda da mídia nem de qualquer método evangelístico moderno. O poder do Espírito Santo penetrou nesses homens a ponto de consumi-los com seu propósito de conquistar o mundo para Cristo. Os apóstolos se renderam ao poder sobrenatural do Espírito Santo com um pré-requisito para levar uma vida sobrenatural em Cristo. O mesmo zelo que motivou aqueles primeiros discípulos, também nos consome à medida que entramos em um relacionamento correto com o Espírito Santo. Só assim podemos experimenta, de fato, o amor de Deus cujo grande desejo de salvar a humanidade o fez dar sua vida pela humanidade. Os sinais e maravilhas seguirão, mais uma vez, aqueles que creem enquanto esperam receber o poder sobrenatural do Espírito Santo para todas as situações da vida. Depois, também viraremos nosso mundo de cabeça para baixo para a glória de Cristo e a construção de seu Reino.

5

Os sete estados de espírito do Espírito Santo, parte I:

os propósitos divinos expressos

Se pensarmos humanamente na expressão *estado de espírito*, talvez interpretemos equivocadamente todo o conceito dos estados de espírito do Espírito Santo. Falamos de pessoas tendo bons e maus estados de espírito. Caracterizamos com frequência o comportamento das pessoas dizendo que estão mal-humoradas. Essa não é uma forma muito positiva de descrever as pessoas. Essa descrição significa em geral que elas são imaturas e temperamentais, dadas à depressão. No entanto, essa conotação negativa do estado de espírito não é inerente à definição da palavra. Um estado de espírito pode ser definido simplesmente como um estado consciente da mente ou da emoção predominante. Esperamos que o Espírito Santo, como uma Pessoa divina, funcione em um estado consciente de mente e expresse a emoção com justiça e retidão. É apenas nossa psique humana não redimida que cria "maus" estados de espírito pecaminosos.

Quando discutimos os estados de espírito do Espírito Santo, descrevemos uma estrutura mental que ele usa para se expressar a fim de revelar seu propósito divino para uma situação em particular. O Espírito Santo responde de modo diferente a diferentes tipos de situações, embora em cada situação seu propósito final seja revelar Jesus e cumprir o plano eterno do Pai para a humanidade. Por exemplo, às vezes, ele entra em um estado de espírito irrefutável para convencer os homens do pecado. Ele expressa um estado de espírito compassivo quando vem como Consolador de alguém que está sofrendo por algum pesar.

Quando descrevemos o trabalho do Espírito Santo, queremos ter em mente que seus estados de espírito são, com frequência, expressos por meio de vidas humanas. Somos templos do Espírito Santo, formando o corpo de Cristo na terra (1Coríntios 3:16). O Espírito Santo faz boa parte de seu trabalho por nosso intermédio. Por isso é tão importante reconhecermos os diferentes estados de espírito do Espírito Santo. Só assim podemos entender o que ele está fazendo e por que ele está se expressando por nosso intermédio dessa forma. Só assim cooperamos com ele no cumprimento de seus propósitos para a igreja. Contudo, não importa que estado de espírito ele revela por intermédio de uma pessoa em um determinado momento, seu propósito nunca é exaltar ou chamar a atenção para essa pessoa. Exaltar nossa natureza carnal não promove seu objetivo supremo de revelação de Jesus.

Infelizmente, muitas ações realizadas em nome do Espírito Santo resultam na exaltação de uma personalidade. O trabalho do Espírito Santo é exaltar a Jesus, não às pessoas. Quando a personalidade humana prevalece em uma situação acima da exaltação de Jesus, ela está fora da ordem do espírito.

As Escrituras ensinam que Jesus esvaziou-se a si mesmo de qualquer reputação (Filipenses 2:7). O Espírito Santo também reflete esse mesmo espírito de humildade de esvaziamento de si mesmo que revela sua bela consagração ao Pai e amor por ele. Ele se humilhou em Jesus para que o Pai pudesse ser glorificado. O Espírito Santo não cria uma reputação para si mesmo nem para nossa carne. Tudo o que recebemos do Espírito Santo deve ter, como consequência, a imagem de Jesus em nós. Se recebemos cura para nosso corpo ou revelação da Palavra, não devemos nos permitir regozijar nessas dádivas, mas dar o devido crédito ao Doador dessas dádivas. Como a humildade caracteriza a Trindade, também todo estado de espírito do Espírito Santo expressa essa humildade, até mesmo por intermédio das pessoas. Quando caminhamos com o Espírito Santo como uma Pessoa, ficamos sensíveis aos seus estados de espírito à medida que ele expressa a humildade de Cristo em nossa vida.

O estado de espírito de convicção

A *convicção* pode ser definida como um ato de pleito, súplica ou reprovação. O Espírito Santo vem a nós nessa disposição de mente para nos deixar conscientes e cientes de nossa natureza e atos pecaminosos. Jesus disse aos discípulos que enviaria o Conselheiro para eles: "Quando ele vier, convencerá o mundo do pecado, da justiça e do juízo" (João 16:8). Jesus estava descrevendo o estado de espírito de convicção do Espírito Santo.

Billy Graham afirmou que uma chave para seu ministério é a atenção cuidadosa que dá aos chamados do altar. A equipe do ministério não permite a movimentação nem a saída durante esse momento, pois esse é o momento em que o Espírito Santo vem para convencer o coração dos que ouviram a Palavra de Deus pregada. Nesses momentos, se as pessoas respondem ao pleito do Espírito Santo, elas podem receber a salvação de sua alma e nascer de novo para um relacionamento eterno com Deus. O Espírito Santo vem de modo gentil, mas com seu amor irresistível, para mostrar ao pecador a sua culpa diante de um Deus santo e para direcioná-lo para o Salvador que pode libertá-lo de seu pecado.

Convicção ou condenação?

O poder de convencimento do Espírito Santo não deve ser confundido com pensamentos e sentimentos de condenação. A convicção é construtiva e cheia de esperança. O Espírito Santo vem com poder de convicção para nos fazer sentir o peso do nosso pecado e nos levar ao arrependimento. Quando o Espírito Santo nos convence, ele nos mostra exatamente de que pecado precisamos nos arrepender. Quando reconhecemos nosso pecado, encontramos alívio no arrependimento e experimentamos alegria em aceitar o perdão. A voz de condenação, ao contrário, é uma voz acusadora que fala de fracasso e derrota. Se recebemos uma sugestão mental de vaga acusação que nos leva ao desespero e à depressão, ouvimos a voz condenatória do inimigo. Esses pensamentos inquietantes nos dizem coisas como: "Você não é bom e nunca será diferente. Você é tão ruim que Deus está furioso com você. Ele não pode perdoar você nem o perdoará." Essas acusações são a obra de condenação do inimigo. Deus nunca pretendeu que sentíssemos condenação. Jesus declarou: "Pois Deus enviou o seu Filho ao mundo, não para condenar o mundo, mas para que este fosse salvo por meio dele" (João 3:17). O Espírito Santo veio como um Ajudante, *Paracleto*, Conselheiro e Mestre. Sua obra de convencimento resulta em nossa aproximação de Cristo, e não em nosso mergulho no desespero. Sem o poder de convencimento do Espírito Santo, ficaríamos irremediavelmente perdidos em nosso pecado. Ele é fiel para fazer brilhar sua luz nas áreas de trevas em nossa vida para nos purificar de toda injustiça.

Quando nos deixamos convencer pelo Espírito Santo, nossa atitude produz verdadeiro arrependimento em nossa vida. Esse arrependimento não é apenas uma expressão de pesar pelo que fizemos, mas um afastamento completo do pecado revelado. O arrependimento tem que se tornar um estilo de vida para nós, não uma expressão ocasional de culpa confessada antes de receber a salvação. Quando contemplamos a santidade de Deus e nos vemos como Deus nos vê, cada nova revelação traz novo convencimento que produz arrependimento. Nossa alegria passa a ser plena cada vez que somos libertados de uma área de escravidão ao pecado. Embora a revelação do nosso pecado traga sofrimento, a libertação do poder dele resulta no Reino de Deus vindo a nós em justiça, paz e alegria no Espírito Santo (Romanos 14:17). Sentimo-nos completos quando aprendemos a ceder ao estado de espírito de convicção do Espírito Santo.

O estado de espírito de aconselhamento

O estado de espírito de aconselhamento do Espírito Santo revela o Mestre divino. Acredito que a maior obra do Espírito Santo é o ensino, pois sem o estado de espírito de ensinamento ele não poderia fazer nenhuma de suas outras obras. Cada nova revelação e reino de luz que descobrimos em Deus resulta da obra do Espírito Santo, que veio para nos ensinar e guiar em toda a verdade (João 14:26; 16:13). Qualquer que seja o estado de espírito que o Espírito Santo manifeste, seu objetivo é nos ensinar a vontade de Deus. Ele ensina sobre o pecado e nos convence de que somos pecadores. Ele nos ensina como orar e orienta-nos sobre a eternidade. Ele vem para revelar Jesus para nós. Abre dimensões da vida para que possamos ver quem somos na visão de Deus, o que precisamos fazer no momento e aonde estamos indo no futuro.

O melhor mestre é aquele que se envolve com o aluno no assunto que está ensinando. O verdadeiro mestre não trata os alunos de modo superior, mas assume uma postura lado a lado com eles. Nicodemos e outros chamavam Jesus de Mestre que "ensinas da parte de Deus" (João 3:2). Os dois discípulos caminhando na estrada para Emaús, exclamaram: "Não estava queimando o nosso coração, enquanto ele nos falava no caminho e nos expunha as Escrituras?" (Lucas 24:32). Jesus ensinou-os enquanto seguiam seu caminho. Desse mesmo modo, o Espírito Santo vem para ser nosso Mestre e revela Jesus para nós para que possamos caminhar em um relacionamento pessoal com Deus e compartilhar esse relacionamento com os outros. O Espírito Santo é o Mestre supremo que se envolve conosco e nos ajuda a aprender ao caminhar ao nosso lado nas situações da nossa vida.

No entanto, devido à queda do homem, o pecado cegou-nos para as verdades eternas. Só recebemos a verdade de Deus se o Espírito Santo a revelar para nós. Deus deseja tanto que o conheçamos que usa todos os tipos de técnicas de linguagem nas Escrituras para nos fornecer uma imagem de si mesmo. Ele escreveu para nós em tipos, imagens, alegorias, metáforas, parábolas, expressões parabólicas, símiles e às vezes em hipérbole para nos alcançar com sua mensagem celestial. Depois, o Espírito Santo toma a Palavra escrita e a torna viva em nosso interior. João escreveu: "Aquele que é a Palavra tornou-se carne e viveu entre nós" (João 1:14). Ele entendeu que a Palavra de Deus não é a lei, mas a Pessoa. O Espírito Santo desvela a Pessoa de Jesus em nossa vida, e a Palavra se torna carne quando Deus forma seu caráter e natureza em nós. Por isso, comparo o maior papel do Espírito Santo como o de um Mestre que revela Jesus para nós para que ele possa ser desvelado.

Adão e sua esposa foram proibidos de comer do fruto da árvore do conhecimento do bem e do mal a fim de que não morressem (Gênesis 2:17). Quando escolheram comer desse fruto, eles romperam seu relacionamento com

Deus. Sua desobediência produziu neles uma mente carnal hostil a Deus (Romanos 8). As filosofias do mundo do humanismo, ateísmo, ceticismo, comunismo, Nova Era e qualquer outra filosofia racional autocentrada tem suas raízes nessa primeira desobediência. A filosofia humanista reflete essa alienação humana em relação a Deus ao colocar o homem no centro do seu universo pessoal e independente do Criador. Essa independência, a raiz de todo o mal, fez com que Deus retirasse o homem do jardim do Éden. Assim ele não teria acesso à árvore da vida, que também estava ali. Se ele tivesse comido da árvore da vida em seu estado pecaminoso, a humanidade teria morrido para sempre, sem chance de voltar para Deus.

Quando o homem se recusou a ser dependente de Deus, ele perdeu a mente divina, que é a fonte de toda a verdade. Ou seja, quando o "véu de carne" dividiu pela primeira vez a câmara interior do homem, separando a alma do homem do espírito. Deus pretendia que o espírito do homem fosse "o caminho" para a casa do Pai. Quando Jesus veio declarando: "Eu sou o caminho, a verdade e a vida" (João 14:6), ele deu esperança a toda humanidade para a sua reconciliação com Deus. Assim o homem podia ter um relacionamento com Deus por intermédio desse caminho novo e vivo, por meio do sangue de Jesus (Hebreus 10:19,20). Todos os que recebem Cristo podem experimentar a verdade e a vida como Deus pretendia que experimentassem. A menos que o Espírito da Verdade nos revele a "Árvore da vida" e a plante novamente no jardim do nosso coração por intermédio do novo nascimento, não teremos a vida abundante que Deus ordenou que tivéssemos.

O Espírito Santo veio a fim de nos ensinar para que não sejamos ignorantes em relação à vida espiritual. Paulo falou dessa ignorância quando escreveu para a igreja de Éfeso. Ele explicou como a mente carnal funciona e, a seguir, contrastou-a com a mente que aprendeu sobre Cristo:

> Assim, eu lhes digo, e no Senhor insisto, que não vivam mais como os gentios, que vivem na inutilidade dos seus pensamentos. Eles estão obscurecidos no entendimento e separados da vida de Deus por causa da ignorância em que estão, devido ao endurecimento do seu coração. Tendo perdido toda a sensibilidade, eles se entregaram à depravação, cometendo com avidez toda espécie de impureza.
>
> Todavia, não foi isso que vocês aprenderam de Cristo. De fato, vocês ouviram falar dele, e nele foram ensinados de acordo com a verdade que está em Jesus. Quanto à antiga maneira de viver, vocês foram ensinados a despir-se do velho homem, que se corrompe por desejos enganosos, a serem renovados no modo de pensar e a revestir-se do novo homem, criado para ser semelhante a Deus em justiça e em santidade provenientes da verdade.
>
> —EFÉSIOS 4:17-24

Paulo esperava que os cristãos fossem diferentes dos gentios e das pessoas sem Cristo, no modo de pensar e falar. O Espírito Santo veio como um Mestre para nos dar conselho divino e restaurar a verdade em nossa mente para que pudéssemos conhecer a vida abundante que

Jesus nos prometeu. Quando cooperamos com ele e afastamos nossos antigos pensamentos e conversas ímpios, permitindo que nossa mente carnal seja transformada, começamos a ter os pensamentos que Deus pretendia que tivéssemos. Assim, nosso Conselheiro divino nos ensina a viver uma vida de justiça e verdadeira santidade.

Compaixão

Ah, se a minha cabeça
fosse uma fonte de água
e os meus olhos
um manancial de lágrimas!
Eu choraria noite e dia
pelos mortos do meu povo.

—JEREMIAS 9:1

Esse clamor de Jeremias reflete o estado de espírito compassivo do Espírito Santo que pode ser denominado estado de espírito de choro ou de lamento. Ele expressa o terno cuidado de Deus com a humanidade. O homem natural não sente compaixão piedosa. Talvez ele sinta pena ou preocupação empática, mas as emoções humanas sem Deus não expressam a verdadeira compaixão.

A verdadeira compaixão só é revelada na natureza de Deus. Significa sofrer com os outros, condoendo-se com seu estresse e desejando mostrar misericórdia por eles. A compaixão é revelada no coração humano por meio da obra do Espírito Santo, quando ele nos concede essa capacidade piedosa de chorar com os que choram (Romanos 12:15). A compaixão é uma mistura de paixão,

O PODEROSO ESPÍRITO SANTO

composta de amor e sofrimento. Ser compassivo significa ter um coração terno que se comove com facilidade com as angústias, sofrimentos, carências e fragilidades dos outros. Jesus chorou pela cidade de Jerusalém porque os judeus esqueceram o dia da visitação deles (Lucas 19:41-44). Ele não ficou ofendido, mas triste pelo fato de os judeus não o receberem. Jesus teve compaixão da ignorância e dureza de coração deles, atitude essa que os mantinha nas trevas. Ele sentiu profundamente a angústia deles e queria aliviá-los.

Quando o Espírito Santo em nosso interior nos faz sentir sua compaixão por uma pessoa, pranteamos com o quebrantamento e amor dele. Paulo instruiu os efésios: "Sejam bondosos e compassivos uns para com os outros, perdoando-se mutuamente, assim como Deus os perdoou em Cristo" (Efésios 4:32). Quanto mais caminhamos no Espírito, mais bondosos seremos. Sentimos as mesmas dores que Cristo sente quando observa um mundo pecaminoso. Sofremos por amor que é a verdadeira compaixão pelas pessoas perdidas, presas pelo pecado. Quando fazemos isso, experimentamos o amor e a compaixão de Cristo nos atravessando para ajudar os outros em agonia.

O estado de espírito de purificação

Quando Jesus purificou o templo em Jerusalém, ele fez um chicote de cordas e expulsou os cambistas. "Seus discípulos lembraram-se que está escrito: 'O zelo pela tua casa me consumirá'" (João 2:17). Esse zelo de nosso Senhor foi a indignação divina com a profanação do templo, pois

OS PROPÓSITOS DIVINOS EXPRESSOS

para Deus ali era uma casa de oração, poder, propósito e pureza. Quando o Espírito Santo vem para purificar nosso templo, seu zelo contra o pecado lhe o consome. Paulo declarou: "Vocês não sabem que são santuário de Deus e que o Espírito de Deus habita em vocês?" (1Coríntios 3:16). O Espírito de Deus, a essência da santidade divina, vem a nosso coração para nos purificar de toda profanação para que ele possa habitar em nosso templo. Isso não significa que ele não viria a nós em nosso estado imperfeito e pecaminoso. Mas, depois de vir, ele faz brilhar sua luz em uma e outra área de injustiça até cumprir seu propósito divino de purificar nosso templo e nos tornar santos.

Esse estado de espírito de purificação é o clamor censurador e santo do homem interior. É o Espírito de Deus e o espírito do homem clamando juntos contra o que é imoral, pecaminoso, injusto e destrutivo para o Reino de Deus e para o corpo, alma e espírito do homem. Quando o Espírito Santo vem para purificar seu templo, ele pode parecer raivoso e duro conosco. Talvez sintamos o flagelo das cordas expulsando as coisas ímpias que poluem nossa vida. Contudo, se entendermos do modo correto, ficamos agradecidos pelo amor divino caminhar em nosso templo para nos libertar do pecado para seus propósitos. A raiva dele é contra o pecado que ameaça nos destruir. Quando concordamos com ele e "se confessarmos os nossos pecados, ele é fiel e justo para perdoar os nossos pecados e nos purificar de toda injustiça" (1João 1:9). Precisamos ceder ao estado de espírito de purificação do Espírito Santo para que possamos ser transformados na imagem de Cristo.

O estado de espírito de ordenança

Quando Jesus repreendeu as ondas e os ventos e ordenou que abrandassem quando a tempestade ameaçou a vida dos discípulos, ele ficou de pé em um pequeno barco e ordenou: "Aquiete-se! Acalme-se!" (Marcos 4:39). Usando a linguagem de hoje, diria: "Sujeite-se, diabo, e fique quieto!" Então, para espanto dos discípulos, os ventos, obedeceram a Jesus. Os apóstolos ainda não entendiam o poder sobrenatural do Espírito Santo operando por intermédio dele.

Durante uma crise, Paulo, apenas um prisioneiro em um navio a caminho da Itália, passou a ser o comandante pelo poder do Espírito Santo. Quando uma tempestade violenta ameaçou o navio e a vida de todos a bordo, e quando a tripulação estava preparada para pular em alto mar, Paulo comandou a situação pela autoridade do Espírito Santo e declarou àqueles homens ímpios que não haveria perda de vidas, embora perdessem o navio. Ele disse: "Pois ontem à noite apareceu-me um anjo do Deus a quem pertenço e a quem adoro" (Atos 27:23). Paulo recebeu desse anjo não só instruções divinas para a situação, mas também o poder para desempenhá-las. Assim, a vida dele e de todos foi poupada quando eles obedeceram ao servo de Deus. Foi o poder sobrenatural do Espírito Santo que comandou aquela situação. Paulo foi simplesmente o um agente usado para fazer a vontade de Deus naquele momento.

Parecemos desfrutar o estado de espírito de ordenança do Espírito Santo mais que os outros estados de espírito e desejamos vê-lo manifestado entre nós. Amamos dizer para o inimigo: "Ordenamos que você..." Há ocasiões em que essa é a resposta apropriada para o mover do Espírito Santo. No entanto, precisamos lembrar que seu estado de espírito de ordenança, como todos os estados de espíritos do Espírito Santo, é motivado pelo amor. Devido ao desejo inerente ao homem de mandar, é preciso ter cuidado para não confundir "ousadia" natural com o estado de espírito de ordenança do Espírito Santo. O controle não é motivado pelo amor. Uma pessoa arrogante com estado de espírito de ordenança, em geral, é muito insegura e quer controlar os outros. Qualquer um que não demonstre um espírito quebrantado e não seja receptivo ao ensino, talvez esteja simplesmente demonstrando um desejo carnal de dar ordens quando estiver na posição de comando de uma situação. Somos agradecidos pelo verdadeiro estado de espírito de ordenança do Espírito Santo que tem autoridade e poder para mudar qualquer situação para a glória de Deus.

O estado de espírito conquistador

Quando o Espírito Santo se expressa no estado de espírito conquistador, ele está alegre, triunfante e vitorioso. "Para isso o Filho de Deus se manifestou: para destruir as obras do Diabo" (1João 3:8). O sentido original da palavra grega usada aqui para "destruir" é *luo*. Significa que Jesus veio para desfazer e sobrepujar tudo que o diabo já fez. O verdadeiro entendimento do triunfo derradeiro de Jesus sobre o mal nos faz clamar: "Aleluia!" Quando uma pessoa ou igreja percebe esse tipo de vitória, o Espírito Santo está preparado para se regozijar como os exércitos conquistadores na história da Bíblia se regozijavam quando voltavam para casa com os espólios de guerra. Naqueles tempos, a cidade toda saía de casa e se alinhava nas ruas para saudar os soldados enquanto eles marchavam em triunfo sobre seus inimigos.

Depois de o Espírito Santo nos convencer do pecado e purificar nossa vida por meio do arrependimento, sentimos esse triunfo e alegria da presença de Deus em nós. Nesses momentos, não conseguimos evitar o júbilo, louvor e clamor a respeito da bondade de Deus. Ele conquista o pecado que tenta nos destruir, assim estamos livres para desfrutar suas bênçãos em nossa vida. Quando uma pessoa busca por Deus e o encontra, o Conquistador divino vem para trazer regozijo e expressar seu triunfo sobre a tentativa do diabo de destruir essa vida. A exaltação de Jesus, em louvor, expressa o estado de espírito de conquistador do Espírito Santo. Nesse lugar de alegria plena, dança e clamor ficamos cientes de que os principados e poderes que se levantavam contra nós nas regiões celestiais já foram destruídos.

Quando Davi foi contra Golias, ele declarou: "Eu vou contra você em nome do SENHOR dos Exércitos, o Deus dos exércitos de Israel, a quem você desafiou" (1Samuel 17:45). Sua confiança estava no Senhor, o conquistador desse gigante e de todos os outros que ousaram desafiar a Deus. Gosto de descrever esse estado de espírito conquistador, alegre e triunfante como o júbilo que sentimos quando, por meio do poder do Espírito Santo, derrotamos todos os demônios à vista! Cortamos a cabeça de Golias e estamos de pé no topo da colina mais alta, sacu-

OS PROPÓSITOS DIVINOS EXPRESSOS

dindo nossas outras quatro pedras lisas (1Samuel 17:40), observando ao redor para ver se há mais algum gigante nos desafiando. Alguns sugerem que as outras quatro pedras eram para os quatro irmãos de Golias. O Senhor, com certeza, equipa-nos com cinco pedras para combater o inimigo. Ele nos dá seu nome, Palavra, sangue, Espírito e fé. Essas pedras tornam-nos mais que vencedores, quando praticamos com a "atiradeira" do louvor,

Esse mesmo tipo de júbilo acompanhou a vitória em outra crise do Antigo Testamento — quando Hamã e também seus filhos foram pendurados no cadafalso feito para Mardoqueu (Ester 9:25). Em outra batalha, ainda, quando o rei Josafá enfrentou um inimigo poderoso, ele enviou os cantores e louvadores à frente do exército para eles louvarem a Deus " pelo esplendor de sua santidade" (2Crônicas 20:21). A seguir, Deus mandou emboscadas contra os inimigos que prosseguiram para destruir a si mesmos. O exército de Josafá não teve de lutar de modo algum. Eles simplesmente foram até onde estavam acampados os exércitos inimigos e pegaram os espólios dos mortos. O Espírito Santo, da mesma maneira, é o conquistador poderoso dos inimigos que são fortes demais para nós e faz com que nos regozijemos em vitória triunfante quando vemos os inimigos derrotados.

Resumo

Descrevemos seis dos sete estados de espírito por meio dos quais o Espírito Santo expressa seus propósitos. Enquanto caminhamos no Espírito, aprendemos a reconhecer seus vários estados de espírito quando ele os expressa em nossa vida pessoal e na vida da igreja. Temos de aprender a ceder ao Espírito de Deus em nosso interior, a concordar com seu propósito para o momento e a permitir que ele pranteie ou se regozije por nosso intermédio. É preciso aceitar sua purificação e ouvir suas ordens. Quando fazemos isso, ele nos revela Jesus e nos lidera e guia em toda a verdade. O Espírito nos traz à comunhão profunda com o Pai quando permitimos que nossa relação pessoal com Deus se torne mais íntima, cultivando uma vida de oração.

O sétimo estado de espírito do Espírito Santo, assunto do último capítulo, é o estado de comunicação. A comunicação entre Deus e o homem sempre é o objetivo supremo do amor de Deus. Contudo, só começamos a compreender esse amor quando aprendemos primeiro a nos comunicar com ele. A síntese do nosso relacionamento com o Espírito Santo é realizada no aprendizado para ceder ao estado de espírito de comunicação.

6

Os sete estados de espírito do Espírito Santo, parte II:

A realização do desejo de Deus para a humanidade

O desejo supremo de Deus para os seres humanos é que se comuniquem com ele para que ele possa revelar seu grande amor por nós e transmitir-nos sua vontade. Ele é capaz de realizar essa obra por intermédio do estado de espírito de comunicação do Espírito Santo. O Espírito Santo expressa seu estado de espírito de comunicação por meio dos multifacetados reinos da oração. Aprendemos em um capítulo anterior que o Espírito Santo vem para estabelecer a comunicação entre nosso espírito e Deus, que é Espírito, enquanto ele opera por meio da função de súplica.

Embora o estado de espírito de oração do Espírito Santo esteja totalmente relacionado com sua função de oração, perderíamos muito da revelação do desejo profundo de Deus de se comunicar conosco se não os estudássemos separadamente. Podemos esperar essas duas verdades, a função de oração e o estado de espírito de oração que se sobrepõem e se mesclam, contudo a revelação de cada um deles precisa ser apreendida em sua singularidade. Assim, comparando a obra do Espírito Santo na função de súplica com seu estado de espírito de comunicação, temos uma perspectiva mais completa desse diamante multifacetado da oração.

Pensamos com muita frequência na oração como simplesmente nossa conversa com Deus. Não percebemos que Deus Pai, Deus Filho e Deus Espírito Santo querem falar conosco na oração. A verdadeira oração é a comunicação de duas vias com Deus. No sentido mais abrangente da palavra, essa *comunhão* com o Senhor engloba sete aspectos distintos da oração, os quais o Espírito Santo usa para nos ensinar a nos comunicarmos com Deus. Entretanto, quando olhamos a comunicação em seu sentido mais profundo, entendemos que ela é o mais íntimo de todos os reinos da oração. Esse relacionamento é ordenado por Deus para satisfazer completamente nosso coração tanto quanto o dele. Toda forma de oração tem sua função necessária e deve ser cultivada do modo apropriado na vida do cristão; por isso, é importante entender o desejo do Espírito Santo em cada aspecto da oração.

Petição

Estamos todos tão familiarizados com a oração de petição que não precisamos discuti-la em detalhes. As Escrituras deixam claro que temos de pedir a Deus o que precisamos. Paulo nos ensinou a levar nossos pedidos ao conhecimento de Deus com ações de graças (Filipenses 4:6). Tiago escreveu que precisamos pedir, mas não devemos pedir mal (Tiago 4:2,3). Jesus nos ensinou a pedir em seu nome e que o Pai nos daria o que pedíssemos (João 16:23,24). Embora as Escrituras ensinem claramente que temos de levar a Deus nossos pedidos, expor nossas necessidades, é necessário ter cuidado em vigiar o motivo pelo qual pedimos. É fácil ser egoísta quando fazemos petições a Deus, uma vez que a conversa nesse tipo de oração é em geral de mão única e autocentrada. Precisamos ter certeza de que estamos em harmonia com o Espírito Santo quanto ao que pedimos e se nossos pedidos promovem o Reino de Deus, sua vontade e propósito para nossa vida ou para a vida das pessoas por quem intercedemos a Deus em nossas orações.

Ação de graças

"Como é bom render graças ao Senhor" (Salmos 92:1). A oração de ação de graças significa orar a Deus com um coração agradecido pelo que ele fez. O salmista nos ensinou que a ação de graças é o modo apropriado para entrar na presença de Deus: "Entrem por suas portas com ações de graças e em seus átrios com louvor; deem-lhe graças e bendigam o seu nome" (Salmos 100:4). Nossa ação de graças tem de ser genuína ao Senhor pelo que ele faz por nós: por sua misericórdia, graça, temperança e bondade conosco. Ouça as instruções de Paulo: "Deem graças em todas as circunstâncias, pois esta é a vontade de Deus para vocês em Cristo Jesus" (1Tessalonicenses

5:18). Essa ordem vem logo após sua instrução "orem continuamente" (v. 17). Claramente, nossa atitude na oração tem de ser com ação de graças.

Se temos um espírito agradecido, somos gratos às outras pessoas e expressamos livremente nosso sentimento. É impossível entregar nossa mente a um espírito crítico e, ao mesmo tempo, termos um coração agradecido. Isso seria motivo suficiente para vigiarmos se nossa atitude é de gratidão. De acordo com as Escrituras, a ingratidão é uma característica de pessoas que vivem nos últimos dias (2Timóteo 3:1,2). Paulo ensinou os efésios que os cristãos deviam dar "graças constantemente a Deus Pai por todas as coisas, em nome de nosso Senhor Jesus Cristo" (Efésios 5:20). Precisamos cultivar o hábito de expressar um espírito de gratidão como um modo de vida e oferecer orações de ação de graças continuamente ao nosso Deus.

Súplica

A súplica, como um aspecto do estado de espírito de comunhão com o Espírito Santo, aplica-se especificamente ao clamor humilde e ardente que tem origem no desejo profundo do espírito e da alma. Davi clamou ao Senhor: "Ouve as minhas súplicas quando clamo a ti" (Salmos 28:2). O Espírito Santo nos dá esses clamores profundos e anelantes para que a vontade de Deus seja cumprida em nossa vida bem como e na vida de outras pessoas.

Este foi o testemunho da igreja primitiva no livro de Atos dos Apóstolos: "Todos estes perseveravam unanimemente em oração e súplicas" (Atos 1:14, ARC). Um estudo da igreja primitiva revela o impacto da oração ardente em situações impossíveis; ela resultava na intervenção sobrenatural. Pedro, em uma ocasião, foi liberto da prisão por um anjo quando a igreja orou (Atos 12). Em outra ocasião, o lugar todo onde eles estavam orando se moveu, e foram capacitados a falar com coragem em meio à ameaça contra eles (Atos 4:31). Deus respondeu aos seus clamores ardentes em um momento de necessidade.

Para Timóteo, Paulo escreveu: "Antes de tudo, recomendo que se façam súplicas, orações, intercessões e ações de graças por todos os homens; pelos reis e por todos os que exercem autoridade, para que tenhamos uma vida tranquila e pacífica, com toda a piedade e dignidade" (1 Timóteo 2:1,2). Essa ordem para orar por nossos líderes significa mais que uma expressão mecânica de "Deus abençoe você", ou seja, a oração que fazemos em datas especiais. O Espírito Santo nos infunde o desejo sincero de que a vontade de Deus seja feita na terra. Deus ouve o clamor de nossas súplicas quando seguimos a admoestação das Escrituras para orar ardentemente. Precisamos, como cristãos individuais, mas que juntos formam a igreja, avaliar a intensidade da nossa vida de oração. Se sentirmos falta de desejo de orar, podemos pedir ao Espírito Santo para vir e nos encher com seus clamores profundos de súplica.

Intercessão
Essa é a oração de assumir uma posição de defesa ativa e resoluta por alguém, ou seja, ficar na brecha. Observa-

O PODEROSO ESPÍRITO SANTO

mos que as três Pessoas da Trindade intercedem por nós e por nosso intermédio para cumprir o plano e propósito eternos de Deus para nossa vida — sermos transformados em sua imagem. Pois vive sempre para interceder por eles (Hebreus 7:25), e o Espírito Santo faz intercessão pelos santos de acordo com a vontade do Pai (Romanos 8:26,27). A intercessão não é um ministério especial apenas para poucos, mas todos aqueles que caminham com o Espírito Santo conhecem a intercessão quando ele oprime o coração deles pelas necessidades de outros. Muitas vidas e igrejas são arrebatadas do fogo ardente pelas orações de intercessores fiéis.

Moisés, o grande intercessor, rogou mais de uma vez a Deus para não destruir a nação rebelde de Israel enquanto eles vagavam pelo deserto, murmurando e reclamando. Da mesma maneira, Deus nos toca para orarmos por aqueles ao nosso redor. Ele confia em nós para cuidarmos de uma vida que, do contrário, teria sido destruída. Quando aprendemos a nos entregarmos ao Espírito Santo na intercessão, começamos a orar até vermos sua resposta maravilhosa na vida ou situação pela qual intercedemos.

Louvor

Examinaremos o louvor e a adoração como dois modos diferentes de expressar nosso amor por Deus. No louvor, voltamos nossos olhos para Deus e os afastamos de nós mesmos. Se entramos na presença do Senhor com ação de graças, podemos entrar em suas cortes com louvor quando o exaltamos por sua grandiosidade e bondade (Salmos 100:4). Nesse contexto, o louvor significa realizar um espetáculo grandioso e cheio de vida sobre ele, a ponto de sermos considerados emocionais. Louvamos ao Senhor por quem ele é e por seus atos poderosos em relação aos filhos dos homens. Exaltamos o Senhor quando reconhecemos seu amor e poder. Por meio do louvor, honramos e damos crédito, admiração e respeito a nosso Senhor.

Adoração

Não definimos adoração como um termo genérico com o sentido de ir à igreja ou entoar louvores. A verdadeira adoração acontece quando nosso espírito experimenta um encontro com o Deus vivo. A palavra hebraica para adoração, *shachah*, pode ser traduzida por "curvar-se, agachar-se, fazer reverência, prostrar-se e suplicar humildemente." A palavra grega para adoração mais usada no Novo Testamento é *proskuneo* que significa "beijo em direção a." Na adoração, o cristão expressa o afeto e profunda devoção de seu coração na presença de Deus. Por conseguinte, o sentido abrangente da adoração é respeitar, estimar, amar, admirar e reverenciar a Deus. A adoração, em seu sentido mais profundo, é uma resposta do coração à presença manifesta de Deus.

O contraste entre o louvor e a adoração

Qual é a diferença entre louvor e adoração? Embora alguns usem esses termos de modo intercambiável, observamos, a partir das nossas definições, que há uma diferença relevante que precisamos entender. A *adoração* é a resposta do nosso coração a Deus quando passamos a ter uma realização consciente de sua presença. O louvor e a ação de graças exaltam Deus pelo que faz. A adoração é a resposta do nosso amor Deus por quem ele é. Quando, por exemplo, a cortina do céu se abre e temos um vislumbre do que está acontecendo na presença de Deus, lemos: "Os quatro seres viventes [...] e os anciãos prostraram-se e o adoraram" (Apocalipse 5:14). A presença manifesta de Deus evoca tal respeito e reverência diante dele que, não conseguimos falar, portanto temos de nos prostrar diante dele em adoração. Então expressamos para o Senhor nosso amor e adoração mais profundos no lugar de adoração. Deus procura pessoas que o adorem em "espírito e em verdade" (João 4:23). Quando Isaías estava na presença de Deus e viu a verdade sobre si mesmo, clamou: "Ai de mim" (Isaías 6:5). No lugar de adoração não só vemos a Deus, mas também nos conscientizamos da nossa condição de pecadores em comparação com um Deus santo. Então, quando nos arrependemos, prestamos culto a ele e derramarmos nossos anseios e desejos aos seus pés, em oração, pedindo que sua vontade seja feita. Em troca, recebemos seus propósitos doadores de vida eterna. Na adoração, temos a chave vital para a transformação do nosso interior. A verdadeira adoração pressupõe uma vida de submissão ao senhorio de Cristo expressa nossa devoção a Deus a partir do amor por ele e da paixão consumidora por agradá-lo em tudo.

Valores proveitosos do louvor e da adoração
Muitos de nós aprendemos a louvar e a adorar antes de sabermos as implicações desse ato para o destino que Deus tem para nós. Será que você já se perguntou: "O que

a adoração faz por mim?" A adoração a Deus é ordenada por ele como o mais alto propósito para a humanidade. No entanto, quando aprendemos a caminhar nesse propósito, o que podemos esperar como consequência disso?

A presença de Deus é manifesta. Primeiro, podemos esperar que o louvor e a adoração tragam a presença manifesta de Deus até nós. Conforme vimos antes, a Bíblia ensina a onipresença de Deus, isto é, a presença permanente de Deus em todos os lugares, inclusive na vida dos cristãos. (João 15). Revela a presença manifesta de Deus toda vez que ele se move sobrenaturalmente em favor de seu povo. Deus deseja manifestar sua presença em nossa vida e em nossas igrejas. A verdadeira adoração manifesta sua presença para seu povo.

O relacionamento com Cristo correto é alcançado pela adoração. "Uma coisa pedi ao Senhor e a procuro: que eu possa viver na casa do Senhor todos os dias da minha vida, para contemplar a bondade do Senhor e buscar sua orientação no seu templo" (Salmos 27:4). Por que você acha que Deus disse as seguintes palavras a Saul por intermédio de Samuel: "O Senhor procurou um homem segundo o seu coração" (1Samuel 13:14). Davi aprendeu que a maior satisfação experimentada pelo homem é adorar a Deus.

Fomos criados, desde o princípio, para ter amizade e comunhão com nosso Pai celestial amizade e comunhão se torna possível entre os cristãos. Davi não pediu por coisas materiais nem temporais; seu desejo era por amizade e comunhão com o Senhor. A amizade e a comunhão são estabelecidas por intermédio da nossa vida de oração. Como é nossa própria amizade e comunhão (vida de oração)? Davi orou: "Seja a minha oração como incenso diante de ti e o levantar das minhas mãos como a oferta da tarde" (Salmos 141:2). No plano de Deus, a oração de amizade e comunhão é o elo para uma esfera mais elevada de adoração.

O amor divino é recebido. Quando experimentamos a presença manifesta do amor divino de Deus, ele nos concede capacidade divina para amar genuinamente uns aos outros. Jesus disse: "Um novo mandamento lhes dou: Amem-se uns aos outros" (João 13:34). Se somos honestos com Deus e com nós mesmos, admitimos que esse mandamento é extremamente difícil de obedecer. O homem natural não ama as pessoas não passíveis de serem amadas. Amamos aqueles que são amáveis, atenciosos conosco e talvez os que nos servem. Mas qual é nossa reação a um irmão cristão que nos irrita ou insulta ou é agressivo conosco?

Em nossa conversão, recebemos uma quantidade de amor divino uns pelos outros, e esse amor se aprofunda quando recebemos o batismo do Espírito Santo. Contudo, nossos preconceitos, opiniões e sentimentos naturais, com frequência, impedem a que expressemos aos outros o amor de Jesus. Se, por exemplo, nossas ideias são desafiadas; ou nossas opiniões, contestadas, ou ainda nosso plano não é honrado, como será que reagimos? Será que somos tolerantes e compreensivos com as percepções dos outros?

Ou somos como os discípulos que Jesus repreendeu quando disse: "Mas Jesus, voltando-se, os repreendeu, dizendo: "Vocês não sabem de que espécie de espírito vocês são?" (Lucas 9:55) É aí que a fraude e o fingimento têm sua entrada. Sabemos que o amor é o padrão exigido pelas Escrituras, então nos esforçamos para agir de modo amoroso. Mas muitas vezes, apenas desempenhamos o papel sem experimentar a realidade do amor em nosso coração.

A adoração muda a imagem. Quando adoramos a Deus com amor profundo e completa submissão, ele muda nossa perspectiva de vida! Percebemos o "Cristo" em cada indivíduo. Embora as falhas e imperfeições ainda estejam ali, o amor perdoa e as ignora. Quando nossa visão tem inclinação horizontal (terrena), vemos apenas problemas e dores de cabeça. Mas se levantamos os olhos no sentido vertical, olhando para Jesus, vemos as pessoas como Deus as vê. Então, conseguimos amá-las como ele as ama. A adoração nos fornece a perspectiva que Deus tem da vida.

Um trono entre nós. As Escrituras ensinam que Deus é exaltado em nossos louvores (Salmos 22:3). Nós o exaltamos quando adoramos no estrado dos seus pés. Quando adoramos coletivamente ao redor de seu trono, ele une nossos corações e estabelece sua harmonia na igreja. O profeta Joel descreveu essa unidade em uma visão profética: "Todos marcham em linha, sem desviar-se do curso. Não empurram uns aos outros; cada um marcha sempre em frente. Avançam por entre os dardos sem desfazer a formação" (Joel 2:7,8). Joel estava descrevendo a unidade que a igreja conheceria como uma força militar, marchando em formação. Ele viu profeticamente a beleza de uma grande multidão de pessoas em total harmonia. Fazer parte desse exército exige disciplina e treinamento diários, tanto individual quanto coletivamente. Cada soldado tem de se comprometer com seu comandante. A vida do todo depende da cooperação total de cada parte. A igreja hoje se esforça vigorosamente pela unidade, mas é difícil encontrá-la. A verdadeira unidade só é alcançada quando a igreja vivencia adoração espiritual.

O apóstolo Paulo nos forneceu uma imagem de unidade quando descreveu a igreja como um corpo: "Ora, vocês são o corpo de Cristo, e cada um de vocês, individualmente, é membro desse corpo" (1Coríntios 12:27). Cada membro entrega seu privilégio de reconhecimento e decisão individuais para se tornar uma "cadeia de suprimento", suprimento vivo e vital que fornece crescimento e mobilidade ao corpo de Cristo, a igreja. Sabemos que existe poder na unidade e queremos caminhar unidos. Mas parece que quando conseguimos que um membro fique em seu lugar, outro rompe a formação. O ciúme, a inveja, a amargura e o conflito se infiltram nas fileiras, independentemente de quão valorosamente labutemos. A sabedoria da hora é descobrir para que caminho Deus se dirige e entrar em compasso com ele. A adoração na presença de Deus enternece nosso coração e nos traz ao arrependimento das atitudes erradas que causaram a desunião.

A adoração nos coloca na ofensiva. Uma forma externa de louvor envolve levantar as mãos. O salmista clamou: "Levantem as mãos na direção do santuário e bendigam o SENHOR" (Salmos 134:2). Levantar nossas

A REALIZAÇÃO DO DESEJO DE DEUS PARA A HUMANIDADE

mãos pode ser um sinal de entrega e um aspecto da batalha, então podemos testificar o poder de ressurreição de Cristo. O salmista reconheceu que o Senhor estava com suas mãos na batalha quando escreveu: "Bendito seja o Senhor, a minha Rocha, que treina as minhas mãos para a guerra e os meus dedos para a batalha" (Salmos 144:1). A batalha faz parte da vida de todo cristão que espera vencer seus inimigos.

Davi entendeu que o louvor era uma arma eficaz contra seus inimigos. Ele escreveu: "Dos lábios das crianças e dos recém-nascidos firmaste o teu nome como fortaleza, por causa dos teus adversários" (Salmos 8:2). Quando Jesus citou o salmista, ele substituiu a palavra *fortaleza* pela palavra *louvor*: "Dos lábios das crianças e dos recém-nascidos suscitaste louvor" (Mateus 21:16). O louvor é uma força espiritual contra nossos inimigos quando aprendemos a adorar verdadeiramente o Senhor em espírito e em verdade. Esse louvor tranquiliza o vingador e põe o inimigo em fuga. Por essa razão, Satanás odeia a adoração que o põe para correr. Davi instruiu os santos a ficarem alegres e que "altos louvores estejam em seus lábios e uma espada de dois gumes em suas mãos" (Salmos 149:6). Desse modo, temos de derrotar todos nossos inimigos. Assumimos nossa posição ofensiva por meio da oração e fazemos de fato guerra nas regiões altas. Paulo entendeu isso quando escreveu:

As armas com as quais lutamos não são humanas; ao contrário, são poderosas em Deus para destruir fortalezas. Destruímos argumentos e toda pretensão que se levanta

O PODEROSO ESPÍRITO SANTO

contra o conhecimento de Deus, e levamos cativo todo pensamento, para torná-lo obediente a Cristo.

—2CORÍNTIOS 10:4,5

Uma das táticas mais eficazes de Satanás é atacar nosso pensamento e nos fazer imaginar todos os tipos de irrealidades. Com que frequência você é atormentado pelos sentimentos de desmerecimento, culpa ou apenas um vago desconforto referente a seu relacionamento com Deus? Seria maravilhoso apenas "desligar nossa mente" de modo que nada nos afetasse. Uma vez que isso é impossível, precisamos encher nossa mente com pensamentos piedosos, caso contrário, o inimigo nos invade com vaidades e futilidades mentirosas. Louvar a Deus estabelece uma perspectiva apropriada e passa a ser uma arma espiritual que destrói as imaginações e leva cativos todos os pensamentos para obediência de Cristo. É impossível adorar o Senhor e continuar desencorajado.

A adoração representa a voz do Senhor em nossa mente. No livro de Hebreus, essas palavras são atribuídas a Jesus: "Proclamarei o teu nome a meus irmãos; na assembleia te louvarei" (Hebreus 2:12). Em um culto de adoração real em que o corpo de Cristo compartilha na profecia, cânticos espirituais e exortação, Paulo diz que é Jesus que está falando. Cada cristão contribui, trazendo um para o outro a mensagem completa de Cristo. Se falharmos em receber de nossos irmãos e irmãs em uma expressão coletiva de adoração, perdemos muito do que Deus está falando para a igreja.

A adoração nos capacita a propagar corretamente a Palavra de verdade. O padrão do Antigo Testamento da provisão de Deus para seu povo receber a Palavra serve como um exemplo para a igreja hoje. O profeta Ezequiel descreveu a ordem do ministério sacerdotal, que é um protótipo perfeito do propósito de Deus para seu ministro hoje:

> Mas os sacerdotes levitas, [...] se aproximarão para ministrar diante de mim [...] Eles ensinarão ao meu povo a diferença entre o santo e o comum e lhe mostrarão como fazer distinção entre o puro e o impuro.
> —EZEQUIEL 44:15,23

A ordem de adoração estabelecida aqui é, primeiro, fidelidade; depois, adoração; e a seguir, ensino. Esses ministros do Antigo Testamento tinham de se aproximar do Senhor em fidelidade. Assim também, precisamos ter comunicação e comunhão diária com ele, passando a conhecer intimamente o Senhor. Depois, eles tinham de adorar: "Se aproximarão para ministrar diante de mim." Finalmente, eles tinham de ensinar as pessoas e fazer com que elas discernissem entre o bem e o mal. Então, quem está qualificado para ministrar e propagar corretamente a Palavra da verdade? É aquele que conta com sua capacidade natural e bom treinamento ou o que está na presença do Senhor? É na presença do Senhor que recebemos revelação da Palavra. Como isso é verdade, deveríamos garantir que nosso contato com Deus seja vigoroso e vivo a fim de que o espírito de sabedoria e revelação no conhecimento dele seja nossa porção (Efésios 1:17). Quando obedecemos a Deus, ficamos extasiados com a Pessoa do Senhor Jesus Cristo. Nossas necessidades passam a ser secundárias, portanto, agradar ao Pai torna-se prioridade em nossa vida.

O louvor e a adoração, tanto privados quanto coletivos, precisam vir em primeiro lugar para o povo de Deus. Temos de clamar com o salmista: "Bendirei o SENHOR o tempo todo! Os meus lábios sempre o louvarão" (Salmos 34:1). Só depois podemos esperar desfrutar os benefícios pretendidos por Deus para seu povo. Quando focamos a bondade de Deus, nosso coração se enche de gratidão e passamos a louvá-lo naturalmente.

Comunhão

Estudamos a comunhão em sentido abrangente do ato de orar que se aplica a toda comunicação entre Deus e o homem. O plano eterno de Deus, que incluía o envio da terceira Pessoa da Trindade para o mundo, é finalmente realizado quando essa relação de comunhão é estabelecida no coração dos homens e mulheres que aceitam a salvação por meio do sangue de Cristo. No entanto, a verdadeira comunhão com Deus, em sua essência, é o resultado de um relacionamento de amor profundamente pessoal com ele. Jesus disse: "Eis que estou à porta e bato. Se alguém ouvir a minha voz e abrir a porta, entrarei e cearei com ele, e ele comigo" (Apocalipse 3:20). Quando entramos na presença de Deus, no lugar de adoração, e sentimos a alegria do relacionamento com ele, chegamos a comungar de um modo muito íntimo. Ele deseja ter

A REALIZAÇÃO DO DESEJO DE DEUS PARA A HUMANIDADE

essa amizade e comunhão pessoal conosco para poder falar calmamente a nosso espírito. Então podemos ouvir sua voz de amor falando conosco.

A intimidade no relacionamento envolve duas pessoas que querem compartilhar esse amor com reciprocidade. Deus, que é amor, deseja compartilhar pessoalmente esse amor com cada coração que convida o Espírito Santo a lhe revelar Jesus. Deus quer compartilhar seu amor conosco de um modo a nos impregnar com a Palavra viva. Quando ele nos torna vivos por intermédio de seu Espírito, podemos levar essa vida divina para os outros. Quando aprendemos a dar nosso amor a ele na adoração, começamos a conhecer sua resposta amorosa para nós na intimidade da comunhão. Paulo orou pelos os coríntios: "A graça do Senhor Jesus Cristo, o amor de Deus e a comunhão do Espírito Santo sejam com todos vocês" (2Coríntios 13:14). Experimentamos, por meio desse relacionamento íntimo de comunhão com Deus, a realidade de seu amor e Pessoa, de um modo que ele nunca mais será apenas um credo ou uma influência em nosso pensamento, mas se torna uma Pessoa a ser amada e obedecida, uma Pessoa que é mais real que qualquer outra na terra.

O propósito de Deus para criar a humanidade era comungar com ela e compartilhar seu amor. A redenção envolve a Trindade, operando juntamente para trazer o homem de volta a esse relacionamento de amor. Nossa experiência inicial de salvação não completa a obra de redenção; apenas inicia esse processo. Conforme cultivamos uma vida de oração, mantemos um relacionamento mais íntimo com Deus que satisfaz não só nosso coração, mas também o dele.

Resumo

Aprenda a ter comunhão com o Espírito Santo, pois ela nos deixa mais sensíveis aos seus outros estados de espírito. Então aprendemos a conhecê-lo como uma Pessoa e podemos cooperar com seus propósitos, enquanto ele os executa por meio de suas funções e os expressa por intermédio de seus estados de espírito. Dessa forma, o Espírito Santo pode ungir nossos olhos para ver e nossos ouvidos para ouvir a vontade de Deus em todos os momentos da nossa vida. No mínimo, nosso coração ficará satisfeito quando satisfizermos o coração do Pai nesse relacionamento mais íntimo de oração: a amizade e comunhão com Deus.

O Espírito Santo é claramente revelado ao longo das Escrituras como uma Pessoa divina. Conhecemos essa maravilhosa terceira Pessoa da Trindade em todas as belas facetas de sua personalidade, à medida que o procuramos em oração e na Palavra.

No segundo e terceiro livros desta série sobre o Espírito Santo, aprenderemos de modo mais explícito como entrar em um relacionamento pessoal com ele e como caminhar na unção do Espírito Santo por intermédio do batismo do Espírito Santo. Também estudaremos os propósitos dos dons e dos frutos que ele trouxe para a igreja e aprenderemos como ser guiados por ele como filhos de Deus. Paulo ensinou: "Porque todos os que são guiados pelo Espírito de Deus são filhos de Deus" (Romanos 8:14).

A REALIZAÇÃO DO DESEJO DE DEUS PARA A HUMANIDADE

Então, podemos concluir, com segurança, que temos de aprender a ser guiados pelo Espírito de Deus para alcançar a maturidade e sermos chamados filhos de Deus. No livro *Caminhando na unção do Espírito Santo,* aprenderemos que a adoção como filhos de Deus acontece na maturidade e significa que somos verdadeiros filhos de Deus com conhecimento. Quando alcançamos a maturidade, conseguimos derrotar os inimigos que nos perseguem. O Espírito de Deus nos guia na vitória pessoal e nos ensina como vencer na batalha espiritual, destruindo as fortalezas que tentam nos derrotar. Ele nos capacitará a ser uma parte de seu organismo vivo, a igreja que ele está construindo na terra. E ele nos ensinará como receber nossa herança em Cristo. É nossa responsabilidade cultivar esse relacionamento divino para que possamos "reinar em vida por meio de um único homem, Jesus Cristo" (Romanos 5:17)

Notas

Capítulo 1
O relacionamento com uma personalidade divina

1. Fuchsia Pickett, *God's Dream* (Shippensburg, PA: Destiny Image, 1991).

Capítulo 2
As respostas emocionais do Espírito Santo

1. As referências às emoções de Deus na Escritura incluem: Gênesis 6:3,6; Gênesis 18:32; Levítico 26:28; Josué 7:26; Salmos 78:65; Isaías 1:24; Jeremias 7:13; Hebreus 10:12.
2. John Rea, *The Holy Spirit in the Bible* (Lake Mary, FL: Charisma House, 1990), p. 128.

O PODEROSO ESPÍRITO SANTO

Capítulo 3
Os símbolos revelam o caráter do Espírito Santo

1. Ada R. Habershon, *The Study of the Types* (Grand Rapids, MI: Kregel Publications, 1980), p. 11-13.
2. Rea, *The Holy Spirit in the Bible*, p. 21.
3. Ibid., p. 274.

Capítulo 4
O poder sétuplo do Espírito Santo, a onipotência de Deus revelada

1. E. Y. Mullins, *International Standard Bible Encyclopedia*, Vol. 3, James Orr, ed. (Grand Rapids, MI: Wm. B. Eerdman's, 1976), p. 1406-1417.

Este livro foi impresso em 2022 pela
Vozes para a Thomas Nelson Brasil. A fonte
usada no miolo é Minion Pro
corpo 12. O papel do miolo é pólen soft 80g/m²,
e o da capa é cartão 250 g/m².